BEI GRIN MACHT SICH IHR WISSEN BEZAHLT

AF138327

- Wir veröffentlichen Ihre Hausarbeit, Bachelor- und Masterarbeit

- Ihr eigenes eBook und Buch - weltweit in allen wichtigen Shops

- Verdienen Sie an jedem Verkauf

Jetzt bei www.GRIN.com hochladen und kostenlos publizieren

GRIN

Videobasierte Beratung (VHT) als Gesundheitsförderung in sozialen Berufen

Felizitas Balzer
Katrin Lamster

Bibliografische Information der Deutschen Nationalbibliothek:

Die Deutsche Nationalbibliothek verzeichnet diese Publikation in der Deutschen Nationalbibliografie; detaillierte bibliografische Daten sind im Internet über http://dnb.d-nb.de abrufbar.

ISBN: 9783389054086
Dieses Buch ist auch als E-Book erhältlich.

Titelbild: nikitabuida (Freepik.com) | Covergestaltung: Claudia Mayerle

© GRIN Publishing GmbH
Trappentreustraße 1
80339 München

Druck und Bindung: Books on Demand GmbH, Norderstedt Germany
Gedruckt auf säurefreiem Papier aus verantwortungsvollen Quellen

Das vorliegende Werk wurde sorgfältig erarbeitet. Dennoch übernehmen Autoren und Verlag für die Richtigkeit von Angaben, Hinweisen, Links und Ratschlägen sowie eventuelle Druckfehler keine Haftung.

Das Buch bei GRIN: https://www.grin.com/document/1496165

Videobasierte Beratung (VHT) als

Gesundheitsförderung in sozialen Berufen

Felizitas Balzer 2021

VHT als gesundheitsförderndes Element in sozialen Berufen
– Welche Chancen bietet die videobasierte Beratung
für die Fachkräftegesundheit?

Katrin Lamster 2024

Wie VHT mich stärkte – ein Erfahrungsbericht

Titelbild: nikitabuida (Freepik.com)

Covergestaltung: Claudia Mayerle

SPIN-DGVB
Deutsche Gesellschaft für
Videobasierte Beratung e.V.

Diese Veröffentlichung wurde unterstützt durch SPIN DGVB Deutsche Gesellschaft für Videobasierte Beratung e.V. (www.spindeutschland.de)

für
Arndt
Anja
Doris
Jacqueline
Michelle
Theresia

Gemeinsames Vorwort

In der heutigen Berufswelt „gehört Stress als Alltagsphänomen [...] zu unserem Arbeitsleben und erfährt im Kontext von Burnout und wachsender Frühverrentungen seit vielen Jahren zunehmendes Interesse"[1]. Fachkräfte sozialer Berufsfelder sehen sich „durch die Arbeit mit Menschen in extremen Lebenssituationen, institutionellem Druck und konfliktreichen Beziehungen"[2] ohnehin unterschiedlichen Belastungsfaktoren gegenüberstehen[3]. Zurecht schreibt also unter anderem das Berufsbild Sozialer Arbeit vor, dass den „beruflichen Belastungen [...] mit kollegialer Beratung und Supervision begegnet [werden soll]"[4]. Es gilt hierzu methodische Ansätze zur Verfügung zu stellen, die in besonderer Weise fähig sind, „arbeitsbezogene Resilienz"[5] zu fördern und die Gesundheit von Fachkräften zu stärken. Die videobasierte Beratungsmethode VHT setzt seit ihrer Entstehung auf die gezielte Förderung von Ressourcen[6] und damit auf Stärkung des Gegenübers[7]. Dies gilt auch für den Einsatz videobasierter Beratungs- und Reflexionsprozesse mit Fachkräften[89].

---

[1] MOSER, Michaela; HÄRING, Karin 2023. Einleitung: Resilienz – eine notwendige Zukunftskompetenz. In: MOSER, Michaela; HÄRING, Karin, Hrsg. 2023. Gesund bleiben in kranken Unternehmen. Stressfaktoren erkennen und Resilienzkompetenz aufbauen, S.1.

[2] DBSH 2009. Grundlagen für die Arbeit des DBSH e.V. Deutscher Berufsverband für Soziale Arbeit. grundlagenheft_-PDF-klein_01.pdf (dbsh.de), S.24.

[3] siehe hierzu vertieft KITZE, Katharina 2023 oder POULSEN, Irmhild 2009.

[4] DBSH 2009. Grundlagen für die Arbeit des DBSH e.V. Deutscher Berufsverband für Soziale Arbeit. grundlagenheft_-PDF-klein_01.pdf (dbsh.de) S.24.

[5] BATHEN-GABRIEL, Magdalena 2023. Resilienzdiagnostik und -tools. In: MOSER, Michaela; HÄRING, Karin, Hrsg. 2023. Gesund bleiben in kranken Unternehmen. Stressfaktoren erkennen und Resilienzkompetenz aufbauen, S.233.

[6] WELS, P.M.A; OORTWIJN, A.J. 1992. Ein Beitrag zur wissenschaftlichen Fundierung. Übersetzt von HEIMBÜRGER, Udo. In: SPIN Deutschland; GENS, Hannelore; HEIMBÜRGER, Udo 1994. Video-Home-Training. Reader 1: Grundlagen zu Theorie und Praxis. Düsseldorf: o.V. S.100.

[7] GENS, Hannelore 2020. Mit Bildern sprechen – Entwicklung anstoßen. Die videobasierte Beratung VHT nach der SPIN-Methode. In: Björn HAGEN und EREV Hrsg. Videogestützte Verfahren in den Erziehungshilfen – Entwicklungsperspektiven mit Bildern. Theorie und Praxis der Jugendhilfe 32. Dähre: SchöneworthVerlag, S. 11.

[8] GOLTSCHE, Irene 2020. Beziehung im Blick – die videobasierte Beratung VHT als Grundlage für systemisches Video-Coaching und seine Anwendungsgebiete. In: HAGEN, Björn; EREV (Evangelischer Erziehungsverband) Hrsg. 2020. Videogestützte Verfahren in den Erziehungshilfen – Entwicklungsperspektiven mit Bildern. Theorie und Praxis der Jugendhilfe 32. Dähre: SchöneworthVerlag, S.25.

[9] KENNEDY, Hilary; LANDOR, Miriam 2015. Introduction. In: Hilary KENNEDY; Miriam LANDOR; TODD, Liz Hrsg. Video Enhanced Practice. Professional Development through Attuned Interactions. London: Jessica Kingsley Publishers, S.18ff.

„Ich glaube, das tut Mitarbeitenden so gut, eine Rückmeldung von sich zu bekommen [...], mitzubekommen, was sie an Schlüsselqualifikationen [,] Ressourcen [...] und Fähigkeiten haben. Gerade wenn [man] am Limit [oder] sehr gestresst ist, ist es wichtig zu wissen, was kann man. [D]as find' ich zur Selbstfürsorge wichtig. [I]ch würde auch immer sagen, videobasierte Beratung für Fachkräfte [ist] ein Geschenk."[10]

Dies hält ein*e Teilnehmende*r innerhalb einer 2023 erschienenen Studie über VHT fest. Eine weitere befragte Person benennt: „[Zu schauen], was gelingt mir denn da, was sind meine Ressourcen? Da merke ich, wie [mein] Selbstbewusstsein [...] aufgetankt wird"[11].

Die beiden vorliegenden Arbeiten blicken aus verschiedenen Perspektiven auf das Thema Fachkräftegesundheit und beleuchten dabei auf implizite und explizite Weise die damit verbundenen Themenkomplexe Resilienz, Selbstwirksamkeit, arbeitsbezogener Selbstwert und Selbstvertrauen, Gesundheitsförderung und Salutogenese. Während die erste Arbeit sich dem Thema theoretisch annähert, ermöglicht die zweite Arbeit im Sinne eines Erfahrungsberichts eine praktische, allem voran eine persönliche, Perspektive.

Der erste Text entstand 2021 im Rahmen des Studiums der Sozialen Arbeit (Master of Arts) und stellt sich die Frage, welche Chancen die videobasierte Beratungsform VHT als gesundheitsförderndes Element für soziale Berufe bietet. Auf der Suche nach Ansatzpunkten, befasst sie sich hierzu mit den besonderen Belastungsfaktoren der Berufsgruppe und ordnet die Funktionsweise der Methode in die Wirkungsprinzipien der Prävention einerseits und der Gesundheitsförderung andererseits ein. Bei der zweiten Arbeit handelt es sich um eine 2024 verfasste VHT-Coach-Abschlussarbeit. Der Erfahrungsbericht zeigt auf, wie die Methode VHT auf die Autorin während ihrer Ausbildung zur VHT-Professional wirkte, welche Resultate sie bezüglich ihrer beruflichen und persönlichen Entwicklung bisher hervorgebracht und welche innerlichen Prozesse sie angeregt hat.

Das vorliegende Thema ist uns ein gemeinsames und persönliches Anliegen. Wir hoffen, in Ihnen und Euch damit Impulse zum Reflektieren und Weiterdenken entstehen zu lassen. Und nach außen eine nachvollziehbare Idee davon zu geben, welche Prozesse VHT in Fachkräften in Bewegung bringen kann.

Katrin Lamster und Felizitas Balzer

---

[10] geglättetes Zitat nach BALZER, Felizitas 2023. VHT als methodischer Zugang in den stationären Erziehungshilfen. Inwiefern sich videobasiertes Arbeiten auf das professionelle Handeln von Fachkräften auswirkt. Stuttgart: SPIN+GRIN, S.85.
[11] ebd.

Inhaltsverzeichnis

Felizitas Balzer

VHT als gesundheitsförderndes Element in sozialen Berufen

Welche Chancen liegen in der Beratungsmethode für die Fachkräftegesundheit?

Studienarbeit im Rahmen des Studiums Soziale Arbeit (Master of Arts)

1 Einleitung

„[...] ich find' da steckt dann ganz viel Freude auch dahinter [...] [D]as schenkt halt irgendwie so viel. [...] [I]ch glaub das ist das Schöne an VHT[: da] kriegt man so ein riesen Geschenk vor die Nase gesetzt" (BALZER 2020, 44)

Diese Einschätzung nimmt eine angehende Fachkraft im Kontext stationärer Erziehungshilfe vor, welche im Verlauf ihres Studiums mit der videobasierten Beratungsform VHT begleitet wird. Bei VHT, Video-Home-Training, handelt es sich um eine konsequent ressourcen- und lösungsorientierte Methode, die anhand von Videomaterial gelungene Kommunikations- und Kontaktmomente reflektiert, das Gegenüber stärkt und zu Entwicklung ermutigt. Über den ursprünglichen Kontext des Elterntrainings im Zuhause von Familien, ist die Beratungsform dabei lange hinausgewachsen: Heute wird in verschiedenen Handlungsfeldern helfender Berufe videobasiert gearbeitet und VHT scheint gerade in der Praxis mit Professionellen erprobt zu sein. VHT tut Fachkräften gut – dies ließe sich zumindest aus der einleitenden Aussage der jungen Fachkraft ableiten. Könnte sich dies vor dem Hintergrund des „besonderen Bedarf[s] in den Berufsgruppen Heilpädagogik, Pflege und Soziale Arbeit [...] [und deren Überlastung durch] Zeitdruck, Personalmangel, Stress, Umgang mit Emotionen und [Druck]" (RÖVE-KAMP-WATTENDORF 2020, 9), um einen Ansatzpunkt handeln? Nicht umsonst haben sich auch im Kontext sozialer Berufe die Schlagworte Burn-Out, als auch Cool-Out (177) etabliert und nicht von ungefähr ist ein Anstieg „psychischer Erkrankungen durch Stress am Arbeitsplatz" (RÖVEKAMP-WATTENDORF 2020, 9) zu verzeichnen. Dass videobasierte Beratung angesichts der hohen psychosozialen Herausforderungen sozialer Berufe einen Platz einnehmen könnte, zu diesem Eindruck kommen bereits Vertreter*innen zweier Videoberatungsschulen. So benennt Niklaus Loosli, dass Elemente der Marte-Meo-Methode bewusstes Stressmanagement und hierdurch die Resilienz und Burnout-Prophylaxe bei Professionellen fördert (NIKLAUS LOOSLI 2019, 136). Harms-Maier benennt, dass VHT „die Gesunderhaltung, die Salutogenese, unterstützt [und] einen präventiven Burnout-Prophylaxe-Baustein darstellen [könnte]" (HARMS-MAIER 2020, 109).

Die vorliegende Arbeit möchte dieser Spur folgen und stellt sich die Frage, welche Chancen VHT für die Fachkräftegesundheit sozialer Berufe böte. Hierzu soll es erstmals als gesundheitsförderndes Angebot gedacht werden und zu diesem Zweck in die Logik von Belastungs- und Förderungsmodellen eingebettet werden. Dabei können die Ausführungen nur eine Annäherung darstellen. Im Verlauf der Arbeit wird zunächst die Methode und ihre relevantesten Grundlagen vorgestellt, um sich im Anschluss in die Belastungen sozialer Berufe sowie die beiden Perspektiven der Prävention und Gesundheitsförderung einzudenken und mit

VHT zu verknüpfen. Nachdem im Rahmen eines Ausblicks Ansatzpunkte und Ideen gesammelt wurden, endet die Arbeit mit Schlussgedanken.

2 Vorstellung der Methode VHT

Damit VHT sich dem Kontext der Gesundheitsförderung in sozialen Berufen annähern kann, bedarf es zunächst einer Vorstellung der Methode und seiner relevantesten Hintergründe. Anschließend muss konkretisiert werden, was VHT mit Fachkräften bedeutet.

2.1 Grundlagen der Methode

Die videobasierte Beratungsmethode VHT – Video-Home-Training – entwickelte sich in den 1980er Jahren in den Niederlanden und etablierte sich seit den späten 1980er Jahren von dort aus auch in Deutschland (SPIN DGVB e.V. o.J., o.S.). Im klassischen Setting der Methode, begleitet sie Familien in ihrem Zuhause und baut dabei auf die drei Bausteine gelungene Kommunikation, „der starken Wirkung positiver Bilder und der ressourcenorientierten, aktivierenden Haltung" (SPIN DGVB e.V. o.J., o.S.). In der Praxis bedeutet dies, dass die Videoberatenden Aufnahmen im Alltag der Familien machen, hieraus einen Schnitt der besonders gelungenen Kontaktmomente zusammenstellen und diesen in einem bestärkenden, aktivierenden Rückschau-Gespräch mit den Elternteilen vorstellen. Die Deutsche Gesellschaft für Videobasierte Beratung, die SPIN DGVB e.V., besteht aus mittlerweile über 1000 VHT-Professionals, organisiert in fünf Landesverbänden und einem übergreifenden Bundesverband (SPIN DGVB o.J., o.S.). Seit 2018 ist VHT als systemische Beratungsmethode anerkannt und Mitglied der Deutschen Gesellschaft für Systemische Therapie, Beratung und Familientherapie, der DGSF e.V. Hierbei organisiert sie sich in der Fachgruppe Videobasiertes Arbeiten mit weiteren Ansätzen. (GENS 2020, 185ff.)

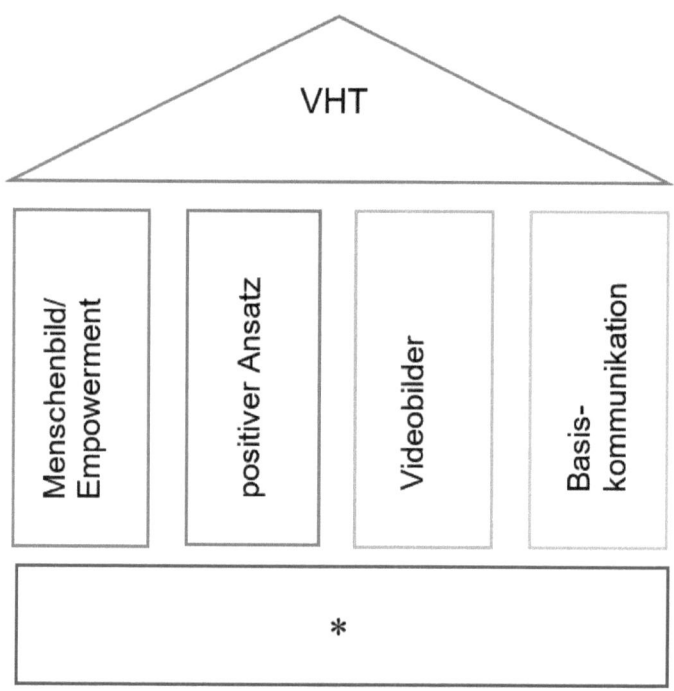

Abbildung 1: „VHT-Säulenmodell" angelehnt an Pala 2018 (eigene Darstellung)

Die Beratungsform ist auf vier Säulen gestützt, wobei das humanistische Menschenbild und damit verbunden der Empowerment-Ansatz die erste darstellen. Die Methode geht also davon aus, dass ihr Gegenüber alle nötigen Lösungsansätze und Ressourcen bereits innehat und dass es diese zu aktivieren oder verstärken gilt. (PALA 2018, 5) Als positiven Ansatz betitelt die VHT-Welt die zweite Säule der Methode. Dies meint die Überzeugung, dass im Gegensatz zur Problem- oder Defizitanalyse, eine lösungs- und ressourcenorientierte Vorgehensweise und damit das „Verstärken von gelungenem Kommunikationsverhalten wirksamer für den Lernprozess" (PALA 2018, 5) der Klient*innen sind. Vor diesem Hintergrund wird nur am positiven Bild gearbeitet. Die dritte Säule stellt weiterhin die Nutzung von bereits benannten Videobildern dar. Die Wahl dieses Mediums stellt nicht nur die Möglichkeit zur Verfügung, gelungene Momente und Kommunikationsverhalten sichtbar, konkret und objektiver für die zu Beratenden zu machen. Die Neurowissenschaft legt laut GENS zudem nahe, dass „der Lernprozess [...] beschleunigt und qualitativ (positiv) beeinflusst wird, wenn mit Bildern positiven Erlebens gearbeitet wird" (2016, 57). Positive Bilder ermöglichen die „Ausschüttung motivierender Botenstoffe und intensivier[en] das Self-

Modeling" (GENS 2016, 57), das Lernen am eigenen Model. Hierzu wird mit verschiedenen Tools im Videomaterial gearbeitet: mit Momentaufnahmen, Zeitlupe und unterlegter Musik, welche zur zusätzlichen emotionalen Verankerung des Gesehenen und Gelernten beiträgt (GENS 2016, 57).

Die Basiskommunikation bildet die vierte Säule des VHTs. Konkret in Form des Video-Kontakt-Schemas von Harrie Biemans sowie einer Liste der Basiskommunikationsbündel. Während ersteres die Kommunikationsprinzipien verschiedenen Altersstufen zuschreibt, setzt die Auflistung der Basiskommunikationsprinzipien den Schwerpunkt auf die gelingenden Kommunikationsformen, die zu einer ‚Ja-Serie' führen. (GENS 2016, 41) ‚Ja-Serie' meint, wenn zwischen Interaktionspartner*innen „gelungene[...] Kommunikation [zu] einer positiven Spirale" (SCHEPERS 1999, 116) führt. Diese setzt sich VHT zum Ziel. Diese positiven Kommunikationselemente sind im „Verhaltensrepertoire der Eltern [im Kontakt mit ihren Kindern] „zu festigen und weiterzuentwickeln" (RÄDER 1999, 79) und bauen aufeinander auf. Das erste sogenannte Basiskommunikationsbündel handelt davon, die altersentsprechenden Initiativen des Gegenübers zu erkennen und aufmerksam zu verfolgen. Im zweiten Bündel geht es um das Gegenstück der Initiative: die Empfangsbestätigung als Antwort darauf, wie beispielsweise das Kopfnicken. Das dritte Bündel beinhaltet das zustimmende und wohlwollende Benennen, von Bedürfnissen, Gefühlen, Situationen und Verhalten bei sich und dem Gegenüber. Das Aufmerksamkeit verteilen baut als viertes Basiskommunikationsbündel darauf auf und beschreibt die Verantwortung der*s Erwachsenen, dafür zu sorgen, dass sich alle in der Runde gleichermaßen gesehen fühlen. Das fünfte Bündel ist das positive Lenken und Leiten und meint unter anderem die Aufgabe, Situationen zu strukturieren oder Alternativen zu unerwünschtem Verhalten anzubieten. (SCHEPERS; KÖNIG 2000, 36)

Das Fundament, welches im Schaubild mit einem Sternchen markiert ist, bilden ergänzend dazu Theorien, auf die sich VHT stützt. Es handelt sich vorrangig um den systemischen Ansatz sowie die Bindungstheorie samt Feinfühligkeitskonzept. Weiteres theoretisches Fundament bildet das sogenannte ‚Eckpfeilermodell', das sich aus Konzepten aus Ethologie, Pädagogik, Psychologie sowie Kommunikationswissenschaften speist und „die Praxis der Methode erklären und deren Effektivität belegen" (SCHEPERS; KÖNIG 2000, 55f.). In diesem Rahmen kann dieser nicht weiter vertieft werden.

Die Einsatzgebiete des VHTs haben sich im Verlauf der letzten beiden Jahrzehnte indes stark weiterentwickelt (GOLTSCHE; RÖSSEL 2009, 10) und es zeichnen sich verschiedene Strömungen in der Praxis ab. VHT für Fachkräfte, vormals als Video-Interaktions-Begleitung (VIB) benannt, zielt auf die Unterstützung Professioneller (HALM 1999, 291). VHT in der Schule, vormals Video-School-Training (VST), richtet sich an Schüler*innen, Lehrkräfte und

Akteur*innen im Schulkontext (KOCH 2009, 118). VHT zu diagnostischen Zwecken, vormals als Video-Interaktions-Diagnostik (VID) bekannt, hat die Analyse von Bedarfen junger Menschen im Sinn sowie die Verbesserung und Reflexion des pädagogischen Alltags (BRÜMMER; TER HORST 2009, 37). Über die Grenzen der Erziehungshilfen hinaus, wird VHT in der Eingliederungshilfe, in der Pflege, als Teamsupervision, Kurs-Angebot, und als Führungscoaching eingesetzt sowie pionierhaft in Feldern wie der Paarberatung (FIUNG 2020, o.S.), im Lese-Rechtschreib-Förderprogramm (GAIDA 2016, 33) und im Bewerbungstraining (SANNE 2009, 127). In Anbetracht dieser ständigen kreativen Weiterentwicklungen und Ausdifferenzierungen des VHT-Feldes, ist es der SPIN DGVB e.V. wichtig, weiterhin unter der Überschrift VHT präsent zu sein. Der Begriff ‚Video-Home-Training' ist weitgehend verabschiedet und das Kürzel VHT gewählt, um all jenen Einsatzfeldern, die außerhalb des ‚Homes' von Familien stattfinden, gerecht zu werden.

2.2 VHT mit Fachkräften

Nachdem relevante Hintergründe sowie eine Übersicht über Einsatzfelder beleuchtet wurden, gilt es zu nun zu konkretisieren, was VHT in der Arbeit mit Fachkräften bedeuten kann. VHT mit Fachkräften meint, einzelne Mitarbeitende, Kernteams sowie multiprofessionelle Großteams und Führungskräfte zu beraten (GOLTSCHE 2020, 24f.). Mit diesen Zielgruppen bewegt sich die Methode hier also auf den bereits benannten Strömungen der Video-Interaktions-Diagnostik (VID) sowie der Video-Interaktions-Begleitung (VIB), welche beide in verschiedenen Kontexten, zu unterschiedlichen Entwicklungsstadien innerhalb der Fachliteratur beschrieben wurden. Die vorliegende Arbeit nimmt sich zur Vereinfachung vor, die Möglichkeiten in drei Überschriften zu gliedern.

Zunächst ist es als Fachkraft möglich, VHT als **Einzelprozess** in Anspruch zu nehmen. Anlass kann hier die Initiative der Kraft selbst sein, welche „tägliche Herausforderungen und berufliche Konflikte an Lösungen und Ressourcen orientiert systematisch analysieren und positiv meistern [möchte]" (GOLTSCHE 2020, 25) – sprich – eine Fragestellung aus ihrem beruflichen Handeln heraus entwickelt hat und jene reflektieren will. Auch mit der Zielsetzung, neue Mitarbeitende einzuarbeiten und ihnen einen guten Berufseinstieg zu ermöglichen, können Einzelprozesse gestartet werden (HALM 1999, 294). Abseits eigener Fragestellungen immer mit dem „Ziel, die professionellen Fähigkeiten der sozialen Fachkraft bewusst zu machen, zu verstärken, zu reflektieren [beziehungsweise] zu entwickeln" (HALM 1999, 294). Durch die Stärkung des professionellen Selbstbewusstseins und dem Sichtbarmachen der eigenen (kommunikativen) Kompetenzen und Entwicklung, kann nicht zuletzt auch ein offener beziehungsweise entspannter Umgang mit eigenen Unzulänglichkeiten und Lernpunkten ermöglicht werden, so ELMER und GRUNDMANN (2020, 148 f.). VHT im Sinne von Einzelprozessen hat sich vor diesem Hintergrund in erster Linie in der Anleitung angehender oder junger Fachkräfte etabliert, welche in besonderer Weise davon profitieren, dass ihr pädagogisches Handeln durch die Videoberatung „viel anschaulicher, bewusster, objektiver und genauer" (SCHLÖMER 1999, 183) reflektiert werden kann. Weiterhin ist sich die Praxis einig, dass sich Einzelprozesse im Speziellen für **Führungskräfte** lohnt, so benennen BACH und JACOB „Führen ist das Führen guter Beziehungen" (BACH; JACOB 2020, 132). Videobasierte Beratung kann wie keine andere dabei unterstützen, die Kommunikation zu Mitarbeitenden zu analysieren und die Führungs- und Kommunikationskompetenz von Leitenden zu stärken (137).

Daran anknüpfend soll die Nutzungsmöglichkeit des VHTs als **Teamsupervision** beleuchtet werden. Jene im Fachdiskurs noch wenig aufgegriffene Variante, erfährt in der Praxis wachsendes Interesse. So bietet FEYRER beispielsweise mehrmonatige Prozesse für pädagogische Teams an und nimmt schwerpunktmäßig deren Kerntreffpunkt, die Teamsitzung, videosupervisorisch in den Blick. Wie wird die Moderation gestaltet? Wie werden gemeinsame Beschlüsse gefasst? (FEYRER 2020, o.S.) Was gelingt bereits gut in unserer Interaktion? Was braucht es noch für eine gelingende Besprechungskultur? (GOLTSCHE 2020, 25). All dies können Ausgangspunkte von VHT-Teamprozessen sein.

Eine dritte Ebene von VHT mit Fachkräften bildet deren Einsatz zu **diagnostisch**en Zwecken. Dies kann zum einen bedeuten, Elemente des Hilfealltags gemeinsam in der Videorückschau zu analysieren mit dem Ziel, diese zu optimieren, auf den Bedarf des Gegenübers anzupassen oder um gemeinsame Standards festzuzurren (HALM 1999, 295). Im Zentrum dieser gemeinsamen Reflexion stehen die Klient*innen, und deren „Kommunikations- und Interaktionsmuster, Entwicklungsstand, Stärken und Förderbedarf" (BRÜMMER; TER HORST 1999, 37): Was braucht unser Gegenüber? Was ist unser gemeinsames Fallverstehen? Wie kommen wir mit ihm in gelingende Interaktion? Im Übrigen erweist sich die ressourcenorientierte Videoanalyse über die interne Beratung hinaus interinstitutionell, als auch interdisziplinär als hilfreich. Auf dem Weg zu gemeinsamem Fallverstehen und Zielformulierung hat allem voran die Erziehungshilfe gute Erfahrungen gemacht, Eltern sowie weitere Helfende und Settings in die Videoanalyse miteinzubeziehen, VHT in multiprofessionellen Teams wie beispielsweise in den Frühen Hilfen zu platzieren und ganze Hilfeplangespräche mit Jugendamtsmitarbeitenden, Helfenden und Klient*innen gemeinsam mit Video zu reflektieren (BRÜMMER; TER HORST 1999, 42 f.). Abschließend soll hier ein Blick auf beobachtete Auswirkungen der diagnostischen Videoarbeit geworfen werden. BRÜMMER und TER HORST beschreiben folgende:

„nach den Aufnahmebesprechungen fühlen sich die Kolleg[*inn]en zuständig; das Team [kann] sich noch besser, konkreter absprechen; das WIR-Gefühl wächst; schnellere Lösungen, [welche] effektiv im Hier und Jetzt [sowie überprüfbar sind]; viele Ressourcen bei[Klient*innen werden] gesehen; [...]; Veränderung von Kleinigkeiten zeigt eine große Wirkung; Situationen, in denen die [Klient*innen] ausrasten, werden minimiert, weil für alle klarer wird, was [sie] brauchen; neue Sichtweisen und Wertigkeiten erhöhen die Motivation [...]" (2009, 42f.)

GOLTSCHE hält zu den Rahmenbedingungen abschließend fest, dass es sich bei Fachkräften – im Unterschied zu Familien – oftmals nur um drei bis fünf VHT-Einheiten handelt. Es werden also drei bis fünf Mal Aufnahmen im Arbeitsalltag der Fachkräfte gemacht und anschließend Rückschau im Rahmen des Einzel- oder Teamcoachings gestaltet. Jene variiert je nach Teilnehmendenanzahl zwischen 45 und 120 Minuten. Zum Setting der Videoberatung benennt sie, dass dieses auf die Bedürfnisse des Gegenübers abgestimmt werden könne und benennt so die Flexibilität der Methode, sich auf sich verändernde Fragestellungen und Teilnehmendensettings einzustellen. (GOLTSCHE 2020, 24f.) Die Autorin fasst zudem zusammen, dass durch die erste aktivierende Rückschau bereits „eine Entlastung der teilnehmenden Mitarbeitenden und eine Motivierung für mehr Engagement für gelungene Kommunikation in der Einrichtung [erreicht werden könne]" (GOLTSCHE 2020, 25).

3 Einbettung des VHTs in die Gesundheitsförderung

Mit den Grundlagen von VHT und seinen Einsatzmöglichkeiten mit Fachkräften im Hintergrund, kann nun das Gebiet der Belastungsfelder innerhalb sozialer Berufe betreten werden. Weil sich die Arbeit vor allem auf theoretischer Ebene annähert, wird hier anstelle von Praxisbeschreibungen sowie statistischen Zusammenhängen, vielmehr auf Wirkungszusammenhänge und theoretische Modelle eingegangen.

3.1 Belastungen sozialer Berufe

Für einen aktuellen Überblick über Belastungen und Herausforderungen helfender Berufe, eignen sich in besonderer Weise RÖVEKAMP-WATTENDORF's Ausführungen. Er gliedert in acht Belastungsphänomene, von denen im Folgenden einige nur benannt und andere schwerpunktmäßig beleuchtet werden sollen.

Er beschreibt zunächst Belastungen durch **Gewalt** als eine Form, welche in vielerlei Facetten auftritt. Im Rahmen dieser Arbeit sei hier zusammengefasst, dass es sich unter anderem um psychische, physische, vernachlässigende sowie misshandelnde Gewaltaspekte handelt, derer Fachkräfte sowohl betroffen als auch ausführend sein können. (RÖVEKAMP-WATTENDORF 2020, 22f.) Für den Kontext der hiesigen Fragestellung erscheint vor allem folgender Kreislauf der „Dynamik von Frustration, Aggression und Gewalt in der helfenden Beziehung" (RÖVEMKAMP-WATTENDORF 2020, 24) interessant: Frust aufseiten der Fachkräfte kann potenziell zu Aggression und gewaltvoller Handlung dieser führen, welche übergeht in eben jene Frustration der*des Adressat*in, deren Aggression und potenziellen gewaltvollem Verhalten – ein zirkulärer Prozess, zu dessen Auflösung der Autor unter anderem Reflexion und offene Kommunikation rät (24 ff.).

Belastungen durch **Ekel und Scham**, eine zweite, überwiegend in der Pflege zum Tragen kommende Belastungsform, benennt RÖVEKAMP-WATTENDORF weiterhin (RÖVEKAMP-WATTENDORF 2020, 46ff.). Auch **Abschied- und Trauer**situationen ordnet der Autor als besondere Belastungsform helfender Berufe ein (61ff.). Neben verschiedenen Lösungsansätzen zu beiden Belastungsformen, ist hier neben der annehmenden Haltung auf die besondere Bedeutung von Kommunikation innerhalb der Hilfebeziehung verwiesen: Gelingende Kommunikation sei hier das Schlüsselelement. (57, 71)

Damit zusammenhängend führt er „**gestörte Interaktionsformen** in der helfenden Beziehung" (RÖVEKAMP-WATTENDORF 2020, 87) als eine eigenständige Belastungsform Helfender an. Hierzu böten sich verschiedene Modelle zu deren Erklärung an. Erstrebenswert ist die wechselseitige Kontingenz, welche ein gegenseitiges Verstehen (Wollen) und Lösungen suchen beherbergen. Auch hier benennt der Autor die notwendige kritische Auseinandersetzung der Fachkräfte mit ihrer Gesprächsführung, um ungünstige Muster zu vermeiden und Belastungen vorzubeugen (87ff.).

„Helfende begegnen eigenen **Ängste**n, die mit ihrer Biografie verbunden sein können, mit verinnerlichten Erwartungshaltungen oder psychischen wie physischen Verletzungen in ihrer Arbeit" (RÖVEKAMP-WATTENDORF 2020, 126), als weitere Belastungsform. Wobei die Angst vor Hilfslosigkeit oder Überforderung eine besondere Variante Helfender darstellt.

Belastungen durch **Stress**, welcher in enger Verbindung mit vorherigen Formen verbunden sein kann, kann als eine weitere Kategorie von Belastung sozialer Berufe aufgeführt werden. Stressoren, im Sinne von Auslösern, können zunächst körperliche Reaktionen hervorrufen. Diese Reaktion wird in der Literatur oftmals mit dem Adaptionsmodell nach SELYE beschrieben. Nach der ersten Phase, der Alarmreaktion, in der auf den Stressor mit der Ausschüttung von Stresshormonen reagiert wird, folgt die Widerstands- oder Resistenzphase, in der dem Stressor standgehalten wird, sich der Körper auf eine Art an das Stresslevel ‚gewöhnt‘. (RÖVEKAMP-WATTENDORF 2020, 91ff.). Im Zuge der Erschöpfungsphase ist eine Anpassung gegenüber dem Stressor nicht mehr möglich. Die vorangegangene körperliche Belastung kann dauerhafte Schädigungen zur Folge haben (NEUNER 2012, 11). RÖVEKAMP-WATTENDORF führt als typische Stressoren des sozialen Berufs Rollenkonflikte auf, indem er Teamkonflikte benennt, wie Unklarheit innerhalb der eigenen Rolle (Welche Befugnisse habe ich, welche Erwartungen haben die anderen an mich?) und Motivkonflikte (beispielsweise das Dilemma zwischen ökonomischen und fachlichen Ansprüchen an die Arbeit). Darüber hinaus bestehen in erhöhtem Maß Intrarollenkonflikte (zum Beispiel durch das doppelte Mandat) sowie Interrollenkonflikte (zum Beispiel was die Vereinbarkeit von Schichtdienst und Familienleben anbelangt) (RÖVEKAMP-WATTENDORF 2020, 94ff.) Dauerhafter Stress hat nach NEUNER unterschiedlichste Folgen für die einzelne Fachkraft, welche „von Schlafstörungen, stressbedingten Herz-Kreislauf-, Muskelskeletterkrankungen bis hin zu Magen-Darm-Beschwerden [reichen]" (NEUNER 2012, 17). Die wohl bekannteste Folge chronischen Stresses dürfte aber das **Burnout**-Phänomen sein, als ein

> „Syndrom, das als Folge von chronischem Stress am Arbeitsplatz konzipiert wurde, der nicht erfolgreich bewältigt wurde. Es zeichnet sich durch drei Dimensionen aus: 1) Gefühle der Energieerschöpfung oder Erschöpfung; 2) erhöhte mentale Distanz zum Arbeitsplatz oder Gefühle von Negativismus oder Zynismus im Zusammenhang mit der Arbeit; und 3) ein Gefühl der Ineffektivität und des Mangels an Leistung." (WHO 2019, o.S.)

Eng an die Ausbildung der aufgeführten Symptome gekoppelt, sind die Phasen innerhalb der Burnout-Entwicklung, auf welche hier nur verwiesen werden kann. Die bekanntesten Phasenmodelle stammen von SCHMIDBAUER, welcher in drei Stadien gliedert, und FREUDENBAUER und NORTH, welche in zwölf Phasen unterteilen. Entstehungsmodelle gibt es wiederum verschiedene, sie können eingeteilt werden in personzentrierte Erklärungsversuche, als auch umfeldorientierte, wobei es sich nach den Autorinnen immer um ein Zusammenspiel beider gehe. (ELSÄSSER; SAUER 2013, 15ff.) Orientiert an ZEDLER stellen sie folgende Risikofaktoren vor: Unzureichende (finanzielle sowie personelle)

Ressourcen, unzureichende Struktur, Überforderung (Zeitdruck, hohe Arbeits-menge), Unterforderung, niedriger Verdienst (als Zeichen von Geringschätzung), fehlende Arbeitsplatzsicherheit sowie „schlechte Teamarbeit und Kommunikation (Konflikte unter Kolleg[*innen] und Vorgesetzten […]" (ELSÄSSER; SAUER 2020, 20). Fehlendem oder nicht ausreichendem positiven Feedback schreiben sie weiterhin eine wichtige Rolle in der Entwicklung des Burnout-Phänomens zu (20).

Ergänzend zum Burnout-Modell des „Ausbrennens" wird auch das **Coolout**-Phä-nomen beschrieben, welches als Prozess des „Auskühlens" oder „Abstumpfens" bezeichnet werden könnte (RÖVEKAMP-WATTENDORF 2020, 177). Jener stellt sich bei Helfenden ein, um dem dauerhaften Dilemma zwischen eigenem An-spruch, gute Hilfe leisten zu wollen einerseits und dem möglichst effizienten Hil-fealltag und seinen Bedingungen andererseits. Das Coolout-Phänomen soll an dieser Stelle zumindest benannt sein.

3.2 VHT in der Logik von Belastungsmodellen

Im Verlauf des vorangegangenen Kapitels konnte eine Kurzübersicht über beruf-liche Belastungen sozialer Berufe entstehen, welche die wichtigsten Themen und Termini des Fachdiskurses zumindest aufleuchten lassen konnte. Die Wirkungs-logik von VHT von vorherigen Kapiteln im Kopf, schimmern bereits erste Anknüp-fungspunkte im Kontext der Belastungsformen hindurch. Wie ließe sich VHT als Intervention sinnig in die Logik dieser Belastungsphänomene einfügen? Jede ein-zelne Form könnte detailliert in ihrer Symptomatik, ihren Entstehungszusammen-hängen sowie ihrem Entwicklungsverlauf aufbereitet werden, um die Wirkungs-weise und das Ansatzmoment des VHTs darin einzuarbeiten. Gerade die beiden vielfach differenziert und visualisiert aufgegriffenen Modelle Burnout sowie Coo-lout böten die Möglichkeit, ins Detail zu gehen, an welchen Stellen der Phasen-modelle und der Risikofaktoren VHT zum präventiven Einsatz kommen müsste. Und nicht nur jene, sondern auch zahlreiche weitere Stress-Modelle laden dazu ein, sich in ihrer Logik einzuordnen. Sowohl NEUNER als auch NÜSKEN stellen hier mehrere davon vor, darunter das Belastungs-Beanspruchungs-Modell aus der Arbeitsmedizin, das aus der Biologie argumentierende Drei-Phasen-Modell nach SELYE sowie das aus Psychologie und Biologie stammende Stressmodell nach HENRY und STEPHENS (NEUNER 2012, 9ff.). Die vorliegende Arbeit macht sich aus rahmenbedingten Gründen auf die Suche nach einem theoreti-schen Modell, das Arbeitsbelastung vereinfacht und zusammenfassend visuali-siert und die aufgeführten Belastungsformen gedanklich leicht einblenden lässt. Hierzu bietet sich das sogenannte Modell der beruflichen Gratifikationskrisen des Medizinsoziologen SIEGRIST an, welches chronischen Stress sowie gesundheitliche Risiken „als Folge eines (dauerhaften) Missverhältnisses zwischen Geben und Nehmen [beziehungsweise Leistung und Belohnung]" (NÜSKEN 2020, 27) sieht. Das in Abbildung 2 dargestellte Modell, welches an eine Waage erinnert, stellt diese Reziprozität dar sowie die Kräfte, die auf sie einwirken. Es unterscheidet dabei extrinsische Antreiber der Verausgabung, wie die Anforderungen der Arbeitgeber*innen, wie beispielsweise hoher Druck, sowie intrinsische Antreiber, wie zum Beispiel hohe Ansprüche der*des Mitarbeitenden an sich oder ein Überengagement. Ausgeglichen werden kann jenes Gewicht der Verausgabung nur durch das der Belohnung auf der anderen Seite, in Form von „Lohn, [...] Anerkennung, Wertschätzung, Arbeitsplatzsicherheit [sowie] Aufstiegsmöglichkeiten" (NÜSKEN 2020, 29).

Die aufgelisteten Belastungsformen nach RÖVEKAMP-WATTENDORF, wie unter anderem Gewalt, gestörte Interaktionen, Angst, Ekel und Scham, dürften hier als Kräfte eingeordnet werden, die auf die Verausgabung einwirken. Hilflosigkeits- und Stresskonzepte sowie Burnout- und Coolout-Modell dürften im Unterschied dazu vielmehr als Folge der Dysbalance, der ‚Gratifikationskrise', angesehen werden. Wieder zeigt sich, dass die Phänomene ineinander übergehen und eng verknüpft sind. VHT in dieses Modell einzuordnen scheint hingegen

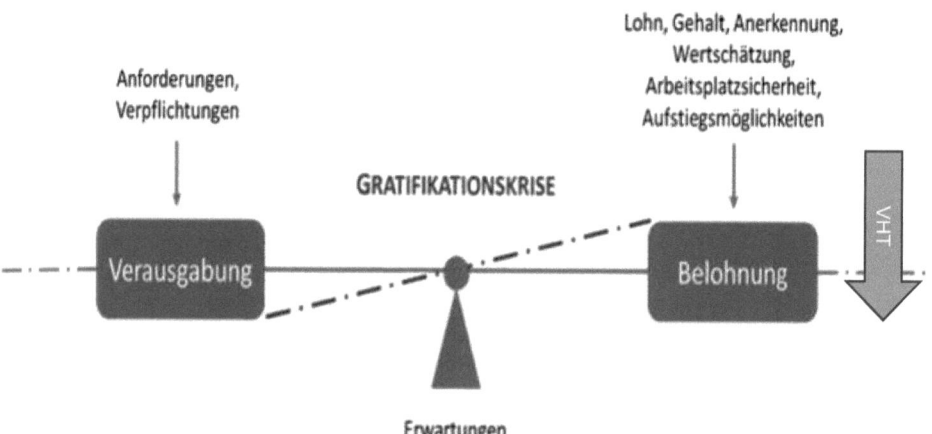

Abbildung 2: „Das Modell beruflicher Gratifikationskrisen" angelehnt an Siegrist 2013 (NÜSKEN, 2020, 29) (ergänzt durch eigene Darstellung)

einfacher zu gelingen. In dieser Ausbalancierung von Verausgabung und Belohnung, positioniert sich VHT aufseiten der Gratifikation und versucht von hier aus
Gleichgewicht herzustellen. Und zwar, indem es das Wirken der Fachkraft wür-
digt, wertschätzt, die besonderen Stärken sichtbar macht und Gelungenes her-
vorhebt. Mit Blick auf die VHT-Ebenen mit Fachkräften würde diese Wirkungs-
prämisse vor allem für Einzel- und Teamprozesse gelten, die sich auf die Reflexion des pädagogisch-pflegerischen Handelns der Fachkräfte bezieht oder deren
Interaktion miteinander.

In seiner Wertschätzungsfunktion könnte sich VHT in die jeweils spezifischen Zusammenhänge der Belastungsformen als „Blocker" skizzieren lassen. Als diese
im weiteren Sinne verstandene „Strategie der Vermeidung oder Verringerung von
Gesundheitsschädigungen durch [...] Belastungen [und] Risiken" (HURREL-
MANN; LAASER; RICHTER 2012, 661), mit dem Ziel, schlimmere Stadien oder
anschließende Erkrankungen zu verhindern, wäre VHT als präventive Intervention zu begreifen. Im Weiterdenken – außerhalb dieser Arbeit – müssten hier also
auch Prämissen der Krankheitsprävention unter Betracht gezogen werden.

3.3 VHT in der Logik von Förderungsmodellen

Nachdem nun ein Blick auf die krankheitspräventive Einordnung von VHT geworfen wurde und es seinen Platz in einem zusammenfassenden Belastungsmodell
finden durfte, darf nun der Fokus auf Gesundheitsförderung auf der anderen
Seite und eine Einordnung in deren Wirkungsmodelle folgen.

Der Paradigmenwechsel, Gesundheit und Krankheit in Form eines gemeinsamen
Kontinuums zu betrachten, und fortan gesunderhaltende Ressourcen in und um
Menschen in den Fokus zu rücken, ist AANTONOVSKY zuzuschreiben (AANTO-
NOVSKY 1997, 21ff.). Im Zentrum seines Konzepts der Salutogenese steht der
Kohärenzsinn als „eine stark verankerte innere Einstellung, die drei wesentliche
Komponenten beinhaltet: 1. das Gefühl der Verstehbarkeit [,] 2. das Gefühl der
Handhabbarkeit und 3. das Gefühl der Sinnhaftigkeit" (FRICK 114, 221). Die Ver-
stehbarkeit ermöglicht Menschen, Stimuli (also auch Stressoren) auf kognitiver
Ebene als sinnig, erklärbar und teils vorhersagbar wahrzunehmen. Handhabbar-
keit meint weiterhin das Ausmaß, in dem Personen wahrnehmen, dass eigene
Ressourcen zur Verfügung stehen, um den Stimuli zu begegnen. (AANTONO-
VSKY 1997, 34 ff.) Die Sinnhaftigkeit beziehungsweise Bedeutsamkeit als dritte
Komponente beschreibt das „Ausmaß, in dem man das Leben emotional als sinn-
voll empfindet [und es als wert erlebt,] dass man Energie [investiert]" (AANTO-
NOVSKY 1997, 34).

Beim Blick auf das Salutogenese-Konzept fällt eines schnell ins Auge: Salutogenese, im Sinne einer Orientierung hin zu Ressourcen und Lösungen und einer Stärkung von Bewältigungsstrategien, deckt sich nahezu mit der Haltung, die VHT konsequent verfolgt. Und der Blick auf das Vorgehen des VHTs offenbart weiterhin, dass die Methode an der Stärkung der drei Komponenten anzusetzen scheint.

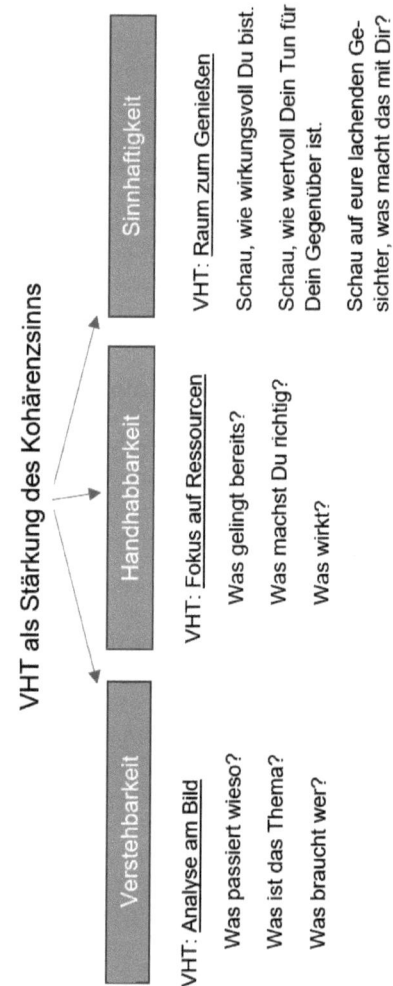

Abbildung 3: „VHT als Stärkung des Köhärenzsinns" (eigene Darstellung)

Die diagnostische Analyse am Bildmaterial setzt sich zum Ziel, die Bedarfe des Gegenübers sowie die Interaktionsmuster zu verstehen. Sie ermöglicht der Fachkraft, Zusammenhänge zu erkennen, Verhalten zu begreifen und (wieder) in eine verstehende Haltung zu kommen. Die Handhabbarkeit behandelt VHT im Zuge der ressourcenorientierten Reflexion des pädagogischen Handelns, indem es betrachtet, was die Fachkraft tut, was wirkt und wo angesetzt werden kann. In puncto Sinnhaftigkeit weist VHT die besondere Möglichkeit auf, mit bewegenden Bildern und gegebenenfalls unterlegter Musik, positive Emotionen zu Klient*innen und dem Arbeitsfeld in den Fachkräften zu fördern. Es wird zum Genießen eingeladen und das Feedback betont, wie bedeutsam selbst kleine Handlungen der Fachkraft sind.

Anknüpfend an VHT im Salutogenese-Konzept dürfte die Methode in ähnlicher Weise in das Konstrukt der **Resilienz** einzuordnen sein. Das Konzept, das in Theorie, Empirie und Praxis mehrerer Disziplinen großes Interesse erfährt, meint „die Fähigkeit […] Krisen im Lebenszyklus unter Rückgriff auf persönliche und sozial vermittelte Ressourcen zu meistern und als Anlass für Entwicklung zu nutzen" (WELTER-ENDELIN; HILDENBRAND 2006, 13). Die Resilienzforschung wiederum differenziert sechs verschiedene Resilienzfaktoren, welche über die Bewältigung von Entwicklungsaufgaben und Herausforderungen entscheiden (RÖNNAU-BÖSE; FRÖHLICH-GILDHOFF 2021, 5). Auch hier könnte mit VHT wieder im Sinne einer Verortung angesetzt werden.

Die vorliegende Arbeit greift sich hierbei einen Resilienzfaktor heraus, der an anderen Stellen selbst als theoretisches Konstrukt aufbereitet ist: die **Selbstwirksamkeit**. Als Hauptteil von Banduras sozial-kognitiver Lerntheorie, griffen VHT-Autor*innen auch abseits der Gesundheitsperspektive das Selbstwirksamkeitskonzept als eine wichtige Grundlage der Methode auf (SCHEPERS; KÖNIG 2000, 98f.; BREIER 2016, 12f.). Ihr Zusammenhang auf Wirkungsebene der Methode scheint also gesetzt zu sein, weshalb der gesundheitsorientierte Blick als Ergänzung an dieser Stelle auf der Hand liegt. Denn Gesundheit und Selbstwirksamkeit hängen – und dies dürfte in besonderem auch für die Arbeitsgesundheit in sozialen Berufen gelten – wie folgt miteinander zusammen.

> „Personen, die über eine hohe Selbstwirksamkeit verfügen, setzen sich herausforderndere Ziele, zeigen hohes Engagement zur Zielerreichung und investieren hohe Anstrengung auch bei Rückschlägen. Bei Hindernissen bleiben sie aufgabenorientiert, lassen sich weniger ablenken und geben seltener auf. [Sie] erholen sich schnell von Rückschlägen und sind weniger anfällig für Stress und Depressionen als Personen mit geringeren Kompetenzerwartungen" (FRANZEN 2021, 33f.)

Und ohne umfassend auf das Konzept eingehen zu können, soll doch knapp beschrieben werden: Im Konzept wird unterschieden zwischen der Selbstwirksamkeitsüberzeugung einerseits, im Sinne einer Gewissheit, dass ankommende Herausforderungen mithilfe der eigenen Kompetenzen bewältigt werden können. Und der Handlungs-Ergebniserwartung andererseits, im Sinne der Vorstellung, dass ein bestimmtes Ergebnis der eigenen Handlung erfolgen wird. (FRANZEN 2021, 32) Selbstwirksamkeit entspringt erstens der verbalen Ermutigung oder auch sprachlichen Überzeugung, wenn eine Person von anderen Zutrauen in die eigenen Kompetenzen gespiegelt und formuliert bekommt. Zweitens entsteht Selbstwirksamkeitsüberzeugung da, wo eine Person sich nicht durch die Gefühlsregung der Angst oder des Stresses von der Aufgabe abschrecken lässt, sondern sie als sinnig neubewertet und annimmt. Die wichtigste Quelle stellen eigene Erfolgserfahrungen dar, nicht nur im Sinne von Geglücktem sondern auch im Sinne von Misserfolgen, die positiv bewältigt wurden. Die Beobachtung von erfolgreichen Handlungen bei anderen kann als vierte Quelle im Sinne des Modelllernens ebenso zur Selbstwirksamkeitsüberzeugung beitragen. (FRANZEN 2021, 45ff.) Breier nimmt das Konzept ebenfalls in den Blick und legt dar, wie VHT entlang der vier Quellen von Selbstwirksamkeit arbeitet (BREIER 2016, 13ff.). Die Abbildung auf der folgenden Seite greift ihre Gedanken auf und ergänzt sie.

VHT scheint zu allen Quellen aktiv beitragen zu können. Es bestärkt in der Videorückschau ganz konsequent und ermutigt das Gegenüber zu neuer Entwicklung. Auf Ebene der emotionalen Erregung sorgt es für eine nachträgliche Neubewertung der Stressreaktion, in dem es in Ruhe am Bildmaterial reflektiert und den Fokus auf das Gelungene und Bewältigte legt (zum Beispiel: „Das war ja sehr herausfordernd, wie gelang es Ihnen, da so ruhig zu bleiben?"). Eigene Erfolge macht VHT – und wie ginge dies besser als über Videomaterial – sichtbar, erlebbar und ‚groß‘. Es feiert den Erfolg des Gegenübers und lädt ausdrücklich zum Genießen und ‚Schulter-Klopfen‘ ein (zum Beispiel: „Wow! Wie haben Sie das nur so gut hingekriegt?"). Die vierte Quelle, welche durch das Lernen am eigenen Modell fast gar in den Hintergrund treten könnte, ermöglicht VHT dadurch, dass die VHT-Professionals die Basiskommunikation sowie positive Haltung ganz konsequent im Kontakt mit dem Gegenüber anwenden und so ein Kommunikationsmodell anbieten. VHT ermöglicht zusammenfassend also die Selbstwirksamkeitserfahrung und stärkt die Selbstwirksamkeitsüberzeugung – mehr noch – als Methode baut es sogar auf diese Wirkungslogik.

Im Gegensatz zum präventiven Platz in Belastungsmodellen, zeigt sich in der Annäherung zwischen VHT und den Förderungsmodellen, dass VHT sich vielmehr der Ansätze auf ganz natürliche Weise bedient beziehungsweise sich die Wirkungslogiken gleichen. Dies scheint einmal mehr zu beweisen, dass VHT als gesundheitsfördernd betrachtet werden kann und sich die Ergänzung der Methode um diese Perspektive lohnt.

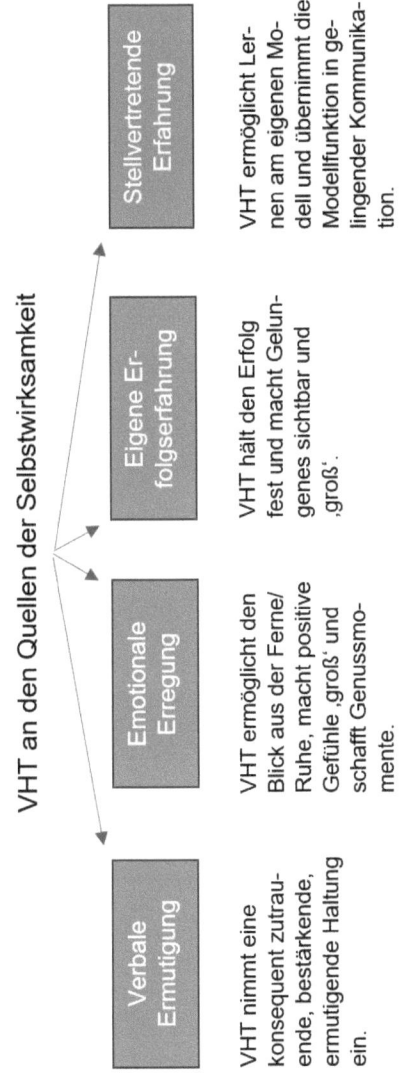

Abbildung 4: „VHT an den Quellen der Selbstwirksamkeit" (eigene Darstellung in Anlehnung an BREIER 2016)

4 Zusammenfassender Ausblick

Die auf der nächsten Seite folgende Abbildung unternimmt nun auf Grundlage der letzten Kapitel zusammenfassend den anspruchsvollen Versuch, die Erkenntnisse der Arbeit und somit zentrale Ansatzpunkte des VHTs im Kontext der Fachkräftegesundheit in helfenden Berufen zu skizzieren. Sie fasst RÖVEKAMP-WATTENDORFs Klassifizierung von Belastungsformen auf sowie deren Zusammenhang mit Stress und den chronischen Stresserkrankungen. VHT in Form von diagnostischen, Team-, Einzel- und Führungskraftprozessen, ist als Intervention für die Förderung der darunter stehenden Elemente mit dem Ziel des Erhalts und der Förderung der Mitarbeitendengesundheit platziert. Auch die Aufführung des Empowermentprinzips oder des Kohärenzsinns, um nur zwei von vielen Termini zu nennen, könnte sinnig platziert werden. Das Modell in Form dieses ersten Versuchs lädt also dazu ein, hinzuzufügen, weitere Zusammenhänge hervorzuheben und zu differenzieren.

Die Stärkung der Basiskommunikationsfähigkeiten bei Fachkräften, ein Thema welches im Verlauf dieser Arbeit nicht ausreichend aufgegriffen werden konnte, ist im Übrigen ein weiterer zentraler Ansatzpunkt. Durch das ‚sich und seine Gefühle benennen‘, das ‚aufmerksame und geduldige Verfolgen‘ des Gegenübers und das entschleunigende ‚Schritt für Schritt‘ im Handeln und Kommunizieren im Hilfealltag, kann bereits Stress entgegengewirkt werden (NIKLAUS LOOSLI 2020, 136). Die Stärkung der Kommunikation insgesamt – auf Teamebene, Führungsebene, Klient*innen-Ebene – kann als Antwort auf die besondere Belastungsform nicht gelingender Kommunikation auf denselbigen Ebenen angesehen werden. Eine wertschätzende Gesprächs- und Feedbackkultur wird über die Schulung der Kommunikationsfähigkeiten der Fachkräfte hinaus, auch mithilfe der ressourcenorientierten Analyse des Videomaterials erreicht. Es wird am Gegenüber und bei sich selbst immer geübt, Ressourcen und Gelungenes zu erkennen, zu benennen und ‚groß‘ zu machen. Dies überträgt sich erfahrungsgemäß auf das Miteinander. Mittendrin steht damit zusammenhängend das Thema der Anerkennung und Würdigung: Wenn Mitarbeitende sich gewürdigt und gesehen fühlen, steigert dies ihre Motivation und Freude am Arbeiten – etwas, das gerade durch die emotionale Verankerung und den Raum des Genießens innerhalb des VHTs herbeigeführt werden kann. Aufseiten der Selbstwirksamkeit ist der Zusammenhang verortet, das größeres Verstehbarkeit des Gegenübers und dessen Verhalten sowie größeres Vertrauen in das eigene Handeln, zu mehr Sicherheit im Tun führt und so den Belastungsformen der Hilflosigkeit, Angst und Stress entgegentritt. Über all diese Wirkungsstränge scheint VHT für Fachkräfte dem Ziel der Fachkräftegesundheit entgegenzuarbeiten.

Auf Grundlage dieser Ansatzpunkte könnten in einem nächsten Schritt Wirkungs-hypothesen formuliert und empirisch geprüft werden. Dies sei als ein empirischer Ausblick hier in Kürze festgehalten.

Wirkungszusammenhänge von VHT als gesundheitsfördernde Methode für Fachkräfte

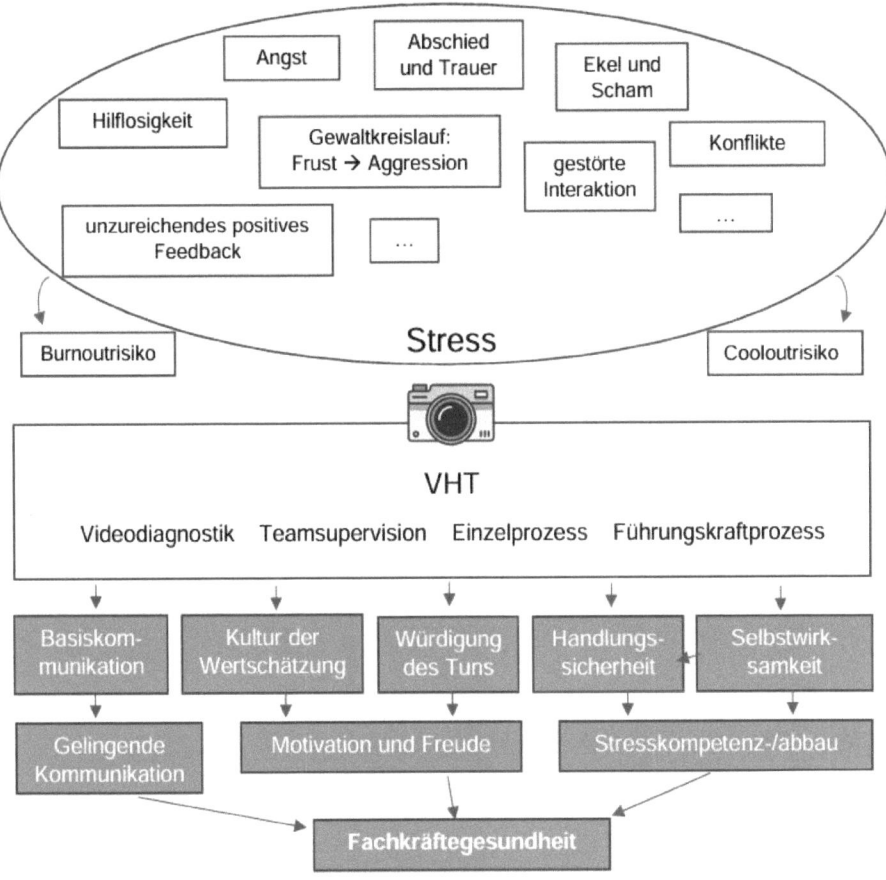

Abbildung 5: „Wirkungszusammenhänge von VHT als gesundheitsfördernde Methode für Fachkräfte" (eigene Darstellung) [Kamera-Icon: vexels.com.]

Das Hineindenken in die Praxis von VHT als gesundheitsfördernde beziehungsweise präventive Methode im Kontext der Fachkräftegesundheit, macht weiterhin deutlich, dass verschiedene **Interventionszeitpunkte** unterschieden werden müssten.

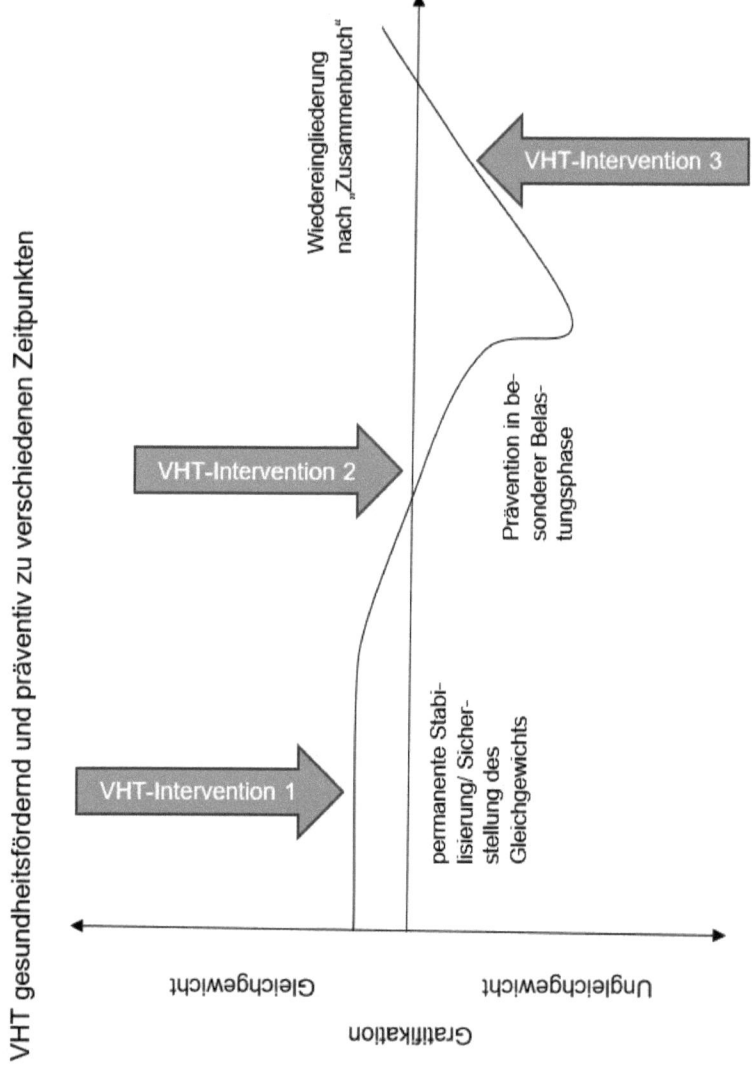

Abbildung 6: „VHT gesundheitsfördernd und präventiv zu verschiedenen Zeitpunkten" (eigene Darstellung)

Die vorliegende Abbildung greift die Begrifflichkeit der Gratifikationskrisen (siehe Kapitel 3.2) auf, während die Kurve verschiedene mögliche Phasen des Mitarbeitendengleichgewichts skizziert. VHT könnte sowohl als dauerhaft implementiertes handlungsleitendes Konzept innerhalb sozialer Einrichtungen als Sicherung der wertschätzenden Kultur, Ressourcenorientierung, Basiskommunikation, Motivation etc. dauerhaft die Fachkräftegesundheit fördern und pflegen. Zum zweiten Interventionszeitpunkt könnte VHT als präventives Instrument für Fachkräfte und Teams zum Einsatz kommen, die in Phasen der besonderen Belastung in Gratifikationskrisen zu fallen drohen. Das dritte Szenario greift den Terminus ‚Zusammenbruch' als letztes Burnout-Stadium auf (ELSÄSSER; SAUER 2013, 15 ff.) und markiert VHT als Methode zur Stabilisierung und Wiedereingliederung von Mitarbeitenden, welche im Anschluss an ihre Krankheitszeit ein gesundes und positives Verhältnis zur Arbeit wiederherstellen oder neu entwickeln müssen.

Inhaltlich könnte im Übrigen gerade zu den beiden letzteren Interventionszeitpunkten die gesundheitsfördernde Perspektive auf die Fachkraft im VHT betont werden. Achtsamkeitskonzepte und aktivierende Reflexionsfragen danach, wie sicher, entspannt und ‚versorgt' sich die Fachkraft in der Aufnahme fühlte, was sie noch bräuchte und was sie bis zur nächsten Einheit zur Selbstfürsorge im Kontakt mit dem Gegenüber oder im Hilfealltag für sich tun möchte, wären sinnig in VHT-Prozesse zu inkludieren. **VHT-Konzepte zur Gesundheitsförderung** wären auf praktischer Ebene womöglich mit einigen wenigen Kniffen umzusetzen. Der Innovationsgeist des VHTs und seiner Community und deren Leidenschaft, Konzepte „aus der Praxis – für die Praxis" (TER HORST 2009, 163) zu entwickeln, könnten dem Vorhaben dieser zusätzlichen Ausrichtung darüber hinaus entgegenkommen.

5 Schlussgedanken

Nachdem auch der zusammenfassende Ausblick des letzten Kapitels kaum umhin kam, erneut Türen aufzustoßen, möchte die Arbeit an dieser Stelle nun versuchen, einen runden, vorläufigen Abschluss zu finden, indem sie die Forschungsfrage nochmals betrachtet. Auf die Frage, welche Chancen VHT für die Fachkräftegesundheit sozialer Berufe böte, konnten zahlreiche Antworten sowie Ansatzpunkte gefunden werden. Der Blick auf die Belastungen sozialer Berufe, der Folgerisiken und deren Entstehungsmodelle, machte zunächst eines deutlich: Es besteht Bedarf. An Hinschauen, an Nachforschen und an Konzepten und Methoden, die helfen. Dass VHT hier als präventive Intervention dienen kann, konnte auf theoretischer Ebene begründet werden. Der Blick auf gesundheitsfördernde Wirkprinzipien zeigte weiterhin, dass VHT ‚natürliche Zusammenhänge' mit ihnen aufweist, sich ihrer bedient und auf den dargestellten Wegen der Fachkräftegesundheit entgegenarbeitet.

So gesehen, weist VHT schon eine lange Tradition der Gesundheitsförderung auf. Und zwar bisher offenbar, ohne es recht zu wissen. Harms-Maier und Niklaus-Loosli, welche in ihren Werken den Gesundheitsgedanken erstmals anklingen ließen, könnten damit ein neues Paradigma videobasierter Arbeit und Beratung eingeläutet haben. Die vorliegende Arbeit ist den Spuren gefolgt und hat sich auf dieses für VHT noch unbekannte Territorium gewagt. Dabei sind viele Gedankenexperimente angedacht und einige erste Ansatzpunkte skizziert worden. Sie konnte blitzlichtartig anstoßen und will den Fachdiskurs einladen, auf den angeklungenen Ebenen der Theorie, Praxis und Empirie weiterzudenken.

Enden möchte die Arbeit mit dem aktuellen Gedanken, dass VHT nicht nur für die Arbeitsgesundheit einzelner Fachkräfte und Teams eine Chance darstellt, sondern darüber hinaus den Kern des Fachkräftedilemmas trifft: Soziale Berufe müssen verstärkt an der Fachkräftegesundheit ansetzen, um langfristig Fachkräfte zu generieren und (gesund) zu halten.

> „[Denn d]ort wo Menschen Gefallen und Freude an dem empfinden, was sie durch ihre Arbeit gestalten, wo sie sich in dem, was sie tun, in ihrer Identität wiedererkennen und wo sie für das Geleistete die Anerkennung und Wertschätzung anderer erhalten, dort wird Arbeit zur Resonanzerfahrung." (NÜSKEN 2020, 18).

VHT könnte hier ein Schlüssel sein.

Quellenverzeichnis

AANTONOVSKY, Aaron, 1997. Salutogenese. Zur Entmystifizierung der Gesundheit. Deutsche Hrsg. FRANKE, Alexa. Tübingen: dgvt-Verlag.

BACH, Markus; JACOB, Bernhard, 2020. Marte Meo Coaching – Das „Wie" der Führung! „Führen ist das Führen unterstützender Beziehungen". In: HAGEN, Björn; EREV (Evangelischer Erziehungsverband) Hrsg. 2020. Videogestützte Verfahren in den Erziehungshilfen – Entwicklungsperspektiven mit Bildern. Theorie und Praxis der Jugendhilfe 32. Dähre: SchöneworthVerlag.

BALZER, Felizitas, 2020. VHT im Kontext elternaktivierender stationärer Erziehungshilfe. Stuttgart, o.V.

BREIER, Andrea, 2016. Die Förderung der Selbstwirksamkeit. Mit der Methode Video-Home-Training. In: GOLTSCHE, Irene, Hrsg. 2016. Kursbuch. Interaktion im Blick. Video-Home-Training (VHT). Miesbach: DWRO-consult gGmbH.

BRÜMMER, Marita; TER HORST, Klaus, 2009. Video-Interaktions-Diagnostik: „...Ein Bild sagt mehr als viele Worte...". In: GOLTSCHE, Irene, Hrsg. 2009. Anwendungsbereiche des Video-Home-Training VHT. Geglücktes im Blick. Bad Heilbrunn: Verlag Julius Klinkhardt.

ELMER, Heinz; GRUNDMANN, Sandra, 2020. Videobasierte Beratung von jungen Fachkräften in der Jugendhilfe. In: HAGEN, Björn; EREV (Evangelischer Erziehungsverband) Hrsg. 2020. Videogestützte Verfahren in den Erziehungshilfen – Entwicklungsperspektiven mit Bildern. Theorie und Praxis der Jugendhilfe 32. Dähre: SchöneworthVerlag.

ELSÄSSER, Jeanette; SAUER, Karin E., 2013. Burnout in sozialen Berufen. Öffentliche Wahrnehmung, persönliche Betroffenheit, professioneller Umgang. Freiburg: Centaurus Verlag.

FIUNG, Toni, 2020. Bilder führen in die Tiefe und helfen, Beziehungen lebendig zu gestalten. Workshop-Ausschreibung. SPIN-Bundesfachtagung. Bindung leben. Stuttgart, 06.-07. März 2020. Stuttgart: SPIN DGVB e.V.

FRANZEN, Katja, 2021. Quellen der Selbstwirksamkeitsüberzeugung von Grundschullehrkräften im Kontext inklusiver Erziehung und Bildung. Wiesbaden, Springer VS.

FRICK, Jürg, 2021. Resilienz und Salutogenese im Lehrberuf: Förderung und Aufrechterhaltung der Lehrer*innen-Gesundheit. In: FRÖHLICH-GILDHOFF, Klaus; RÖNNAU-BÖSE, Maike, Hrsg. 2021. Menschen stärken. Resilienzförderung in verschiedenen Lebensbereichen. Wiesbaden: Springer VS.

GAIDA, Detlef H., 2016. VHT-Arbeit im Lesen-Rechtschreib-Förderprogramm. In: GOLTSCHE, Irene, Hrsg. 2009. Anwendungsbereiche des Video-Home-Training VHT. Geglücktes im Blick. Bad Heilbrunn: Verlag Julius Klinkhardt.

GENS, Hannelore, 2016. Feed Forward und Feed Back – Das Ziel ist der Weg. Bildauswahl, Bildschnitt und Rückschaumethodik. In: GOLTSCHE, Irene, Hrsg. 2016. Kursbuch. Interaktion im Blick. Video-Home-Training (VHT). Miesbach: DWRO-consult gGmbH.

GENS, Hannelore, 2020. Ressourcen bündeln – gemeinsam handeln. Ziele und Aktivitäten der Fachgruppe „Videobasierte Beratung" in der Deutschen Gesellschaft für Systemische Therapie, Beratung und Familientherapie e.v. (DGSF). In: HAGEN, Björn; EREV (Evangelischer Erziehungsverband) Hrsg. 2020. Videogestützte Verfahren in den Erziehungshilfen – Entwicklungsperspektiven mit Bildern. Theorie und Praxis der Jugendhilfe 32. Dähre: SchöneworthVerlag.

GOLTSCHE, Irene; RÖSSEL, Christine, 2009. Herzliche Willkommen bei VHT – eine Einleitung. In: GOLTSCHE, Irene, Hrsg. 2009. Anwendungsbereiche des Video-Home-Training VHT. Geglücktes im Blick. Bad Heilbrunn: Verlag Julius Klinkhardt.

GOLTSCHE, Irene, 2020. Beziehung im Blick – die videobasierte Beratung VHT als Grundlage für systemisches Video-Coaching und seine Anwendungsgebiete. In: HAGEN, Björn; EREV (Evangelischer Erziehungsverband) Hrsg. 2020: Videogestützte Verfahren in den Erziehungshilfen – Entwicklungsperspektiven mit Bildern. Theorie und Praxis der Jugendhilfe 32. Dähre: SchöneworthVerlag.

HALM, Alfons, 1999. Einsatzmöglichkeiten von „Video-Interaktions-Begleitung" in der Heimerziehung. In: KREUZER, Max; RÄDER, Helga, Hrsg. 1999. Video-Home-Training. Kommunikation im pädagogischen Alltag. Eine erprobte Methode (nicht nur) in der Familienhilfe. Mönchengladbach: Schriften des Fachbereiches Sozialwesen an der Fachhochschule Niederrhein, 2. erweiterte Auflage.

HARMS-MAIER, Thomas, 2020. Nicht nur bei Profisportlern erfolgversprechend: Videoarbeit als Coaching-Methode auch für Lehrkräfte. In: HAGEN, Björn; EREV (Evangelischer Erziehungsverband) Hrsg. 2020. Videogestützte Verfahren in den Erziehungshilfen – Entwicklungsperspektiven mit Bildern. Theorie und Praxis der Jugendhilfe 32. Dähre: SchöneworthVerlag.

HURRELMANN, Klaus; LAASER, Ulrich; RICHTER, Matthias, 2012. Gesundheitsförderung und Krankheitsprävention. In: HURRELMANN, Klaus; RAZUM, Oliver, Hrsg., 2012. Handbuch Gesundheitswissenschaften. Weinheim, Basel: Beltz Juventa, 5. überarbeitete Auflage.

KOCH, Bettina, 2009. Gute Kommunikation – besseres Lernen. Wie gelungene Kommunikation Lernen fördert und was Video-School-Training dazu beiträgt. In: GOLTSCHE, Irene, Hrsg. 2009. Anwendungsbereiche des Video-Home-Training VHT. Geglücktes im Blick. Bad Heilbrunn: Verlag Julius Klinkhardt.

NEUNER, Ralf, 2016. Psychische Gesundheit bei der Arbeit. Betriebliches Gesundheitsmanagement und Gefährdungsbeurteilung psychischer Belastung. Wiesbaden: Springer VS, 2. Auflage.

NIKLAUS LOOSLI, Theres, 2019. Nachhaltigkeit. In: BERTHER, Claudia; NIKLAUS LOOSLI, Theres, Hrsg. 2019: Die Marte Meo Methode. Ein bildbasiertes Konzept unterstützender Kommunikation für Pflege- und Betreuungsinteraktionen. Bern: Hogrefe Verlag, 2. Auflage.

PALA, Anja, 2018. Ein Bild sagt mehr als 1000 Worte. Skript zum Basiskurs. Stuttgart: o.V.

RÄDER, Helga, 1999. Der fachliche Grundkonsens der Entwicklungen des Video-Home-Training. In: KREUZER, Max; RÄDER, Helga, Hrsg. 1999. Video-Home-Training. Kommunikation im pädagogischen Alltag. Eine erprobte Methode (nicht nur) in der Familienhilfe. Mönchengladbach: Schriften des Fachbereiches Sozialwesen an der Fachhochschule Niederrhein, 2. erweiterte Auflage.

RÖNNAU-BÖSE, Maike; FRÖHLICH-GILDHOFF, Klaus, 2021. Einführung: Das Konzept der Resilienz in verschiedenen Lebensabschnitten. In: FRÖHLICH-GILD-HOFF, Klaus; RÖNNAU-BÖSE, Maike, Hrsg., 2021. Menschen stärken. Resilienzförderung in verschiedenen Lebensbereichen. Wiesbaden: Springer VS.

RÖVEKAMP-WATTENDORF, Jörg, 2020. Berufliche Belastungen bewältigen. Psychosoziale Herausforderungen in helfenden Berufen. Stuttgart: W. Kohlhammer GmbH.

SANNE, Matthias, 2009. Video-School-Training (VST) – Kompetenz- und Bewerbungstraining für Jugendliche. In: GOLTSCHE, Irene, Hrsg. 2009. Anwendungsbereiche des Video-Home-Training VHT. Geglücktes im Blick. Bad Heilbrunn: Verlag Julius Klinkhardt.

SCHEPERS, Guy; KÖNIG, Claudia, 2000. Video-Home-Training. Eine neue Methode der Familienhilfe. Weinheim, Basel: Beltz Verlag.

SCHEPERS, Guy, 1999. Einsatz von Video als Feedbackinstrument im Video-Home-Training. In: KREUZER, Max; RÄDER, Helga, Hrsg. 1999. Video-Home-Training. Kommunikation im pädagogischen Alltag. Eine erprobte Methode (nicht nur) in der Familienhilfe. Mönchengladbach, Schriften des Fachbereiches Sozialwesen an der Fachhochschule Niederrhein, 2. erweiterte Auflage.

SCHLÖMER, Klara, 1999: Die Bedeutung und Stellung von Video-Home-Training und Video-Interaktions-Begleitung in einzelnen Praxisfeldern der Kinder- und Jugendhilfe und angrenzenden Bereichen. In: KREUZER, Max; RÄDER, Helga, Hrsg. 1999: Video-Home-Training. Kommunikation im pädagogischen Alltag. Eine erprobte Methode (nicht nur) in der Familienhilfe. Mönchengladbach, Schriften des Fachbereiches Sozialwesen an der Fachhochschule Niederrhein, 2. erweiterte Auflage.

SPIN DGVB (DACHGESELLSCHAFT FÜR VIDEOBASIERTE BERATUNG) e.V., o.J. Willkommen bei SPIN DGVB. www.spindeutschland.de, 12.12.2021.

TER HORST, Klaus, 2009. Strategien zur nachhaltigen Implementation des Video-Home-Trainings. In: GOLTSCHE, Irene, Hrsg. 2009. Anwendungsbereiche des Video-Home-Training VHT. Geglücktes im Blick. Bad Heilbrunn: Verlag Julius Klinkhardt.

WELTER-ENDERLIN, Rosmarie; HILDENBRAND, Bruno, Hrsg., 2006. Resilienz. Gedeihen trotz widriger Umstände. Heidelberg: Carl-Auer-Verlag.

WHO (World-Health-Organization), 2019. Burn-out als "Berufsphänomen": Internationale Klassifikation der Erkrankungen. https://www.who.int/news/item/28-05-2019-burn-out-an-occupational-phenomenon-international-classification-of-diseases, 23.12.2021.

Abbildungsverzeichnis

Katrin Lamster

Wie VHT mich stärkte – ein Erfahrungsbericht

Zertifizierungsarbeit zur VHT-Coach 2024

1 Einleitung

„Mut steht am Anfang des Handelns, Glück am Ende."[12]

Die vorliegende Arbeit möchte ich mit diesem Zitat von Schulz beginnen und bereits einen für mich wesentlichen Aspekt betonen: Mut! Mut, sich auf die Arbeit mit der Methode VHT einzulassen; Mut, sich selbst und eigene Thematiken genauer in den Blick zu nehmen; Mut, sich auf Veränderung einzulassen, letzten Endes daran zu wachsen und dadurch innere Zufriedenheit und Glück zu erfahren.

Der Fokus meiner VHT-Coach-Abschlussarbeit liegt insbesondere auf meinen persönlichen Erfahrungen mit der ressourcen- und lösungsorientierten Arbeitsmethode VHT und der daraus resultierenden beruflichen und persönlichen (Weiter-) Entwicklung während der Ausbildung zur*m VHT-Professional. Nichtsdestotrotz wird zudem an einigen Stellen, überwiegend für Definitionen, Bezug zur Literatur genommen. Ich setze für die Lesenden dieser Abschlussarbeit Grundkenntnisse hinsichtlich der Methode VHT, deren Arbeitsweise, wichtige Begrifflichkeiten und Wissen um Ausbildungsinhalte zur*m VHT-Coach voraus.

Inhaltlich beschäftigt sich die vorliegende Arbeit hauptsächlich mit nachfolgenden Fragen, zu welchen ich im Hauptteil Antworten geben und Beispiele nennen möchte:

- Was haben die positiven Bilder und Videosequenzen meiner Adressat*innen in mir bewirkt, ausgelöst und wozu haben sie mich angeregt?

- Welche Wirkung erzielten die Aufnahmen, auf denen ich selbst z.B. bei Rückschauen, zu sehen war?

- Welchen Einfluss hatten die Ausbildungs-Supervisionen auf mich, meine Fachlichkeit, meinen Selbstwert und mein Selbstbewusstsein?

- Welche berufliche und private (Weiter-) Entwicklung konnte aufgrund der VHT-Coach Ausbildung sichtbar werden?

---

[12] Schulz, Christoph, 2023, Mut Zitate – 98 inspirierende Sprüche über Helden, Furchtlosigkeit und Tapferkeit.

Zu Beginn dieser Abschlussarbeit erläutere ich, zur Vollständigkeit und zum Ge-samtverständnis, in Kürze zusammengefasst die Methode VHT, ihre wichtigsten Grundpfeiler und werfe einen kurzen Blick auf einige Ausbildungsinhalte. Im An-schluss daran nehme ich Bezug auf drei, für mich, bedeutende Bereiche, welche es mir während der Ausbildung zur*m VHT-Coach ermöglicht haben, mich selbst, meine Stärken und Fähigkeiten besser kennenzulernen, mich in meinen ver-schiedenen Rollen (als VHT-Professional, als Sozialarbeiterin, als Person) zu re-flektieren und durch die Arbeit mit einer ressourcen- und lösungsorientierten Me-thode, eine höhere innere Zufriedenheit erfahren zu dürfen. Weiter stellt eine Grafik dar, welche Effekte die Methode VHT und die Arbeit mit dieser, auf meine berufliche und persönliche Weiterentwicklung hatte. Zwei davon, für mich beson-ders herausragende Effekte, nehme ich daraufhin detaillierter in den Blick. Ab-schließend erfolgt eine Zusammenfassung der Inhalte und deren Einbettung in den Gesamtkontext der Abschlussarbeit.

Zu Beginn meiner Weiterbildung zum VHT-Professional im Jahr 2021 war ich be-ruflich in der ambulanten Kinder- und Jugendhilfe tätig und hatte bereits einige andere, auch längerfristige, Fortbildungen besucht. Bis dato war es mir jedoch nicht geglückt, das jeweils erworbene Wissen auch dauerhaft in der (Arbeits-) Praxis anzuwenden und einzubringen. Mit der ressourcen- und lösungsorientier-ten Methode VHT machte ich hierbei ganz neue Erfahrungen. Der erste, emotio-nal bedeutende Berührungspunkt mit VHT war damals meine Teilnahme als Be-zugsbetreuerin an einer Rückschau, welche von einer VHT-Professional mit einer meiner Betreuten durchgeführt wurde. Die Inhalte waren sehr persönlich und emotional, die gezeigten positiven Bilder ausgesprochen einprägsam und meine Betreute fand (auf eine Art und Weise) Zugang zu ihren Ressourcen und Fähig-keiten, wie es uns bis dato in Gesprächen nicht gelungen war. Diese Rückschau hinterließ in mir einen bleibenden Eindruck und weckte mein Interesse, mich nä-her mit VHT und der Ausbildung zur VHT-Professional zu beschäftigen. Zum damaligen Zeitpunkt war für mich noch überhaupt nicht absehbar, was die Methode in mir auslösen könnte und zu welchen Veränderungen sie mich anre-gen würde. Da dies aber so bedeutsam für mein Berufs- und Privatleben war, ist es mir ein Anliegen, dem in dieser Abschlussarbeit Raum zu geben. VHT wirkt auf vielen verschiedenen Ebenen und bringt sowohl bei den Adres-sat*innen, als auch bei den VHT-Professionals deren Fähigkeiten zum Leuchten und macht kleine, aber wichtige, Momente in Interaktionen groß. Dies hat Einfluss auf den jeweiligen Selbstwert und das Selbstbewusstsein und befähigt Men-schen, ihre Kompetenzen gezielt einsetzen zu können. Darüber hinaus öffnet es Räume für Entwicklung in vielerlei Hinsicht.

2 Die Methode VHT: kurz erklärt

VHT ist eine ressourcen- und lösungsorientierte Beratungsmethode, welche nunmehr in der Arbeit mit unterschiedlichsten Adressat*innen Anwendung findet. Ihren Ursprung hat sie in den 1970er Jahren in den Niederlanden. Damals diente sie hauptsächlich zur Aktivierung in der Beratung von Eltern, deren Kinder Verhaltensproblematiken aufwiesen. Seit 1996 findet VHT auch Einsatz in Deutschland. Zu Beginn hauptsächlich in der Kinder- und Jugendhilfe, mittlerweile auch in den Arbeitsbereichen Schule, Kita, in Einrichtungen für Menschen mit Behinderung und bei Fach- und Führungskräften.[13]

Konkret dienen kurze Videoaufnahmen von Alltagssituationen dem Sichtbarmachen von positiver, gelungener Kommunikation und Interaktion (zwischen Adressat*innen). In sogenannten Rückschauen sehen Adressat*innen Videobilder und /oder -sequenzen und werden anhand der gemeinsamen Analyse derer befähigt, ihre Kompetenzen (sowohl persönlicher Natur, als auch im Bereich Kommunikation und Interaktion) wahrzunehmen und diese zur Problemlösung zu nutzen und einzusetzen.[14]

„VHT baut auf den Bausteinen des gelungenen Kontakts (Basiskommunikation), der starken Wirkung positiver Bilder und der ressourcenorientierten, aktivierenden Haltung auf" (SPIN Deutschland o.J.). Gerade diese positiven Bilder wirken besonders stark, setzen Botenstoffe im Gehirn frei und lösen Wohlbefinden, Motivation und eine Festigung der Beziehung aus."[15]

Während der Ausbildung zur VHT-Professional ist es von hoher Bedeutung, selbst ins Arbeiten mit der Methode VHT zu kommen und zeitgleich die Supervisionen zur Selbstreflexion, für fachliche und persönliche Rückmeldungen und für Input zu nutzen. In der Selbstreflexion anhand von Videobildern, auf denen man selbst auch sichtbar ist, nimmt man im übertragenen Sinne die Rolle der Adressat*innen ein und erfährt VHT und dessen Wirkung sozusagen am eigenen Leib. Im folgenden Kapitel werde ich, speziell darauf und welche Wirkung dies auf mich persönlich hatte, näher eingehen.

---

[13] Vgl. SPIN Deutschland (o.J.)
[14] Vgl. SPIN Deutschland (o.J.)
[15] Vgl. SPIN Deutschland (o.J.)

3 Die Wirkung der Ausbildungsinhalte und der Arbeit mit der Methode VHT

In diesem Kapitel benenne ich drei, für mich persönlich wesentliche, Bereiche der VHT-Coach-Ausbildung bzw. meiner Arbeit mit der Methode VHT, welche auf mich eine besondere Wirkung hatten. Die folgende Grafik skizziert diese Bereiche und soll einem ersten Überblick dienen. Im Anschluss werden die einzelnen Punkte näher ausgeführt.

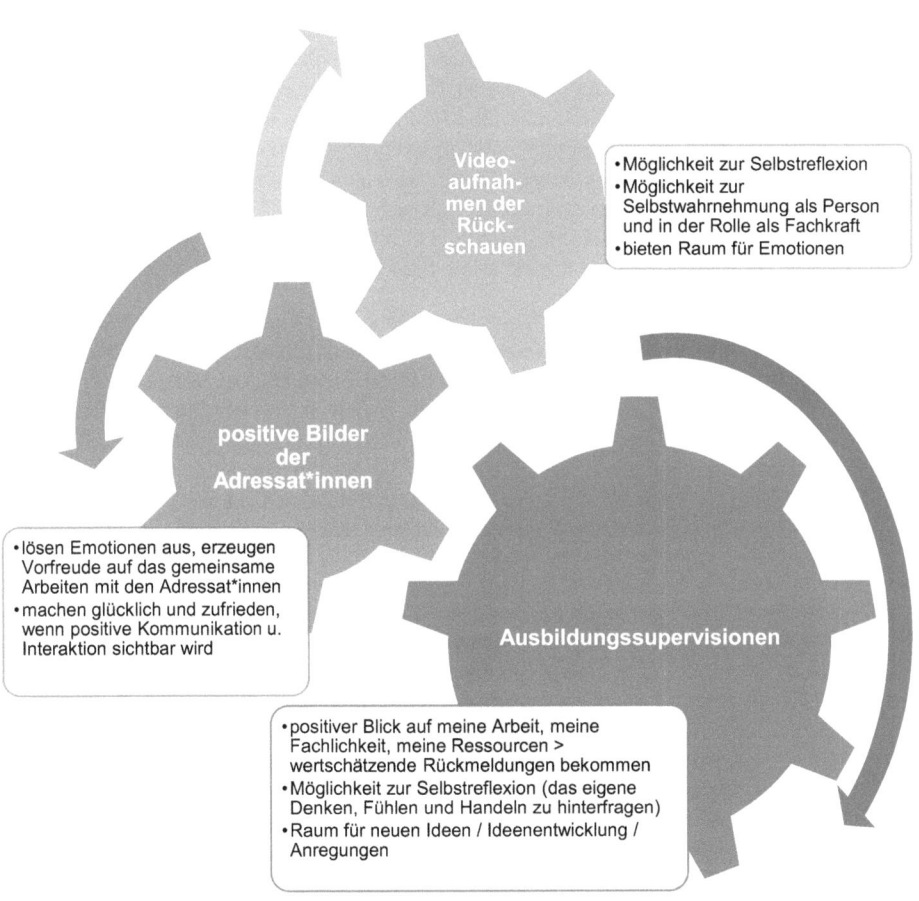

Videoaufnahmen der Rückschauen
- Möglichkeit zur Selbstreflexion
- Möglichkeit zur Selbstwahrnehmung als Person und in der Rolle als Fachkraft
- bieten Raum für Emotionen

positive Bilder der Adressat*innen
- lösen Emotionen aus, erzeugen Vorfreude auf das gemeinsame Arbeiten mit den Adressat*innen
- machen glücklich und zufrieden, wenn positive Kommunikation u. Interaktion sichtbar wird

Ausbildungssupervisionen
- positiver Blick auf meine Arbeit, meine Fachlichkeit, meine Ressourcen > wertschätzende Rückmeldungen bekommen
- Möglichkeit zur Selbstreflexion (das eigene Denken, Fühlen und Handeln zu hinterfragen)
- Raum für neue Ideen / Ideenentwicklung / Anregungen

3.1 Die Bedeutung der Ausbildungssupervisionen

Die Weiterbildungsrichtlinien zum VHT-Coach legen unter anderem einen großen Fokus auf die gemeinsamen, regelmäßigen Supervisionen mit den Ausbilder*innen und der Ausbildungsgruppe. Für den*die VHT-Coach sind insgesamt 24 Zeitstunden Supervision vorgegeben. Inhaltlich befassen wir Auszubildenden uns dabei unter anderem mit der vertiefende Analyse von Videoaufnahmen, Bildern und Interaktionssequenzen, dem Erlenen der VHT-Ablaufstruktur (Aufnahme, Rückschau, Auswertung) und der Reflexion von Beratungsprozessen und der professionellen Entwicklung.[16] Durch die Supervisionen bekam ich also die Möglichkeit, Bildmaterial (Rohmaterial, Zusammenschnitte, Aufnahmen von Rückschauen) mit den Ausbilder*innen und der Ausbildungsgruppe anzuschauen, zu besprechen und fachlich zu analysieren. Der Mehrwert für mich entstand im Austausch mit den Fachkräften und in den Rückmeldungen, die ich hierbei sowohl für die Auswahl meines Bildmaterials, als auch für das zu sehende Setting, die Kameraeinstellung, meine fachliche Expertise und meine persönlichen Ressourcen erhielt. An dieser Stelle wird die Parallele zur Arbeit mit den Adressat*innen deutlich: Auch sie erleben im besten Fall ihre Ressourcen und Fähigkeiten im Fokus und erlangen dadurch persönliche Stärke, Zutrauen und Selbstvertrauen.

Das Klima und die Stimmung während den Supervisionen empfand ich immer als angenehm, wertschätzend, wohlwollend, ressourcen- und lösungsorientiert, humorvoll und zugleich mit der nötigen fachlichen Ernsthaftigkeit. So fiel es mir durchgehend leicht, Bildmaterial von mir zu zeigen, auch wenn es möglicherweise einmal nicht so geglückt war. Sorgen und Ängste hatten jederzeit Raum benannt werden zu dürfen. Weiter boten mir die Ausbildungssupervisionen eine Möglichkeit zur Selbstreflexion. Eigene Denk- und Handlungsmuster konnten besprochen und auch hinterfragt werden, zeitgleich war Raum für Lernpunkte und Ziele.

An dieser Stelle möchte ich ein Beispiel zur Selbstreflexion anführen. Während einiger Ausbildungssupervisionen notierte ich mir die Lernpunkte „mehr Fragen stellen, statt Aussagen treffen", „langsamer sein und Tempo rausnehmen" und „Stille aushalten". Diese resultierten aus analysierten Videosequenzen, hauptsächlich aus Rückschauen. Sie machten mir zum einen bewusst, wieviel Geschwindigkeit tatsächlich häufig in meiner Gesprächsführung lag. Zum anderen erkannte ich mein bisheriges Verständnis von der Rolle als Sozialarbeiterin bzw. Beraterin: Ich muss immer eine Antwort haben und ziemlich schnell eine Lösung oder Idee bereithalten. Aufgrund dieser Erkenntnisse und der dadurch

---

[16] Vgl. SPIN Deutschland, Weiterbildungsrichtlinien (2017)

entstandenen Möglichkeit, in zukünftigen Beratungsgesprächen den Fokus auf diese Themen zu legen, erlebte ich deutliche, persönliche innere Entlastung und mein Schwerpunkt in den Beratungsgesprächen konnte mehr auf den Adressat*innen und deren Anliegen liegen. Fragen, die ich stelle, ermöglichen den Adressat*innen, in eine eigene innere Aktivität zu kommen und geben ihnen das Gefühl, selbst die Expert*innen für ihre Themen zu sein. Ihre Gedanken, Gefühle, Ideen bekommen Bedeutung und indem das Tempo verringert wird, haben die Adressat*innen die Möglichkeit, intensiver nachzudenken. Zeitgleich vermittelt es ihnen Ruhe und dass wir Zeit für ihre Themen haben. Durch ihren eigenen inhaltlichen Input kann weitergearbeitet werden und die Adressat*innen erhalten das Gefühl, einen großen Teil zur Lösung beigetragen zu haben.

Als Ausbildungsgruppe gemeinsam mit den Ausbilder*innen Filmmaterial anzuschauen und zu analysieren, eröffnete auch die Möglichkeit gemeinsam zu überlegen, wie beispielsweise eine Rückschau gestaltet werden kann oder welches Setting sich für die nächste Filmaufnahme anbieten würde. Hierbei konnte ich von einigen Ideen der anderen Auszubildenden und Ausbilder*innen profitieren, erhielt aber auch gleichzeitig die Möglichkeit von meinen Erfahrungen mit Methoden, Rückschauen oder etwa von beispielsweise Hausaufgaben für Adressat*innen zu berichten. Ich erfuhr dabei Wertschätzung und Dankbarkeit für die Ideen und Gedanken, die ich einbrachte und gleichzeitig konnten die anderen an meinen Inhalten partizipieren.

Die Supervisionen hatten rückblickend betrachtet, einen enormen Einfluss auf meinen Selbstwert und auf das Vertrauen in meine Fähigkeiten und Ressourcen. Sie regten meine Kreativität an, ich fühlte mich selbstwirksam und daraus resultierte das Gefühl innerer Zufriedenheit. Auf diese Themen werde ich in Kapitel 4 detaillierteren Bezug nehmen.

3.2 Die Bedeutung der Videoaufnahmen der Rückschauen

In den Rückschauen sehen die Adressat*innen schöne, häufig berührende Bilder und/oder Videosequenzen, in denen positive Kommunikation und Interaktion (von ihnen) sichtbar wird. Darüber kommen wir miteinander ins Gespräch: anhand von Bildbeschreibungen oder einer gemeinsamen Analyse von Videosequenzen, bei der wir uns auf die Suche nach Ressourcen, persönlichen Schätzen (Fähigkeiten) oder den Basiskommunikationsprinzipien (Regeln gelungener Kommunikation) begeben. Während der Ausbildung zum VHT-Coach habe ich die Rückschauen mit der Kamera gefilmt, um sie mit den Ausbilder*innen und der Ausbildungsgruppe im Anschluss zu supervidieren. Dies bedeutet, neben den Adressat*innen war ich selbst auch auf den Videoaufnahmen zu sehen. Ich erhielt dadurch die Möglichkeit Einblicke in meine Beratungsgespräche zu bekommen und meine professionelle Rolle zu reflektieren. Folgende Fragen entstanden hierbei:

- Wie wirke ich in der Rolle als VHT-Professional bzw. als Sozialarbeiterin?

- Wie gestalte ich ein Setting und welche Wirkung hat das auf die Adressat*innen?

- Welche Basiskommunikationsprinzipien wende ich an und welche Wirkung erziele ich dadurch?

- Wie kann ich Adressat*innen in Aktivität bringen?

- Welche Haltung gegenüber meinen Adressat*innen und als Sozialarbeiterin wird sichtbar?

Die Antworten auf all diese Fragen wurden in den Rückschau-Videoaufnahmen sichtbar und ermöglichten mir, mich selbst als Person und mich in meiner Rolle als VHT-Professional und Sozialarbeiterin wahrzunehmen und zu reflektieren. Die Aufnahmen machten mir meine Verhaltensweisen (z.B. Mimik und Gestik) und deren Wirkung bewusst und sichtbar. Ich erhielt dadurch die Gelegenheit meine Ressourcen zu erkennen und gleichzeitig bot es Raum für Optimierung und Weiterentwicklung. Mich selbst (und meine Fähigkeiten), überwiegend positiv, auf den Aufnahmen wahrzunehmen, stärkte mein fachliches und menschliches Selbstbewusstsein und ich erlebte mich selbstwirksam in der Arbeit mit den Adressat*innen. Dies rief ein Gefühl von Zufriedenheit und Sinnhaftigkeit meines Tuns bzw. meiner Arbeit hervor.

Sich selbst bei der Arbeit mit Adressat*innen zu sehen war teilweise sehr emotional, sowohl im Positiven, als auch im Negativen. Positiv zu benennen sind hierbei die sichtbaren, vertrauensvollen Beziehungen zu den Adressat*innen, der entstandene Raum für persönliche Themen und Emotionen. Sehen und spüren zu dürfen, welche Wirkung positive Bilder haben und wie sie es den Adressat*innen ermöglichen (wieder) einen Zugang zu sich selbst und ihren Gefühlen zu bekommen.

Natürlich habe ich auch mit einem kritischen Blick auf mich selbst geschaut und durchaus bemerkt, dass es persönliche Themen gibt, bei denen es sich lohnen würde, mal einen genaueren Blick darauf zu werfen. Abschließend kann ich sagen, dass die Videoaufnahmen der Rückschauen sehr bedeutsam und hilfreich für mich waren, hinsichtlich Selbstreflexion und der entstandenen Möglichkeit, mich selbst als Person und in meiner professionellen Rolle wahrzunehmen und weiterzuentwickeln.

3.3 Die Bedeutung der positiven Bilder von Adressat*innen

Die Videoaufnahmen, die meist bei den Adressat*innen zu Hause entstanden sind, werden als sogenanntes Rohmaterial betitelt. Die Aufgabe der*s VHT-Professional*s ist es, dieses Rohmaterial auf gelungene Kommunikations- und Interaktionsmomente zu untersuchen. Hierbei ist mir häufig aufgefallen, dass kleine positive Augenblicke zwischen Adressat*innen während des Filmens untergehen und erst im Sichten des Rohmaterials deutlich in Augenschein treten. Dies sind ganz wunderbare Momente: Sie bringen einen zum Lächeln und lösen Freude und Glück aus. Am liebsten möchte man den Adressat*innen sofort diese schönen Augenblicke zeigen und ist in Vorfreude auf die nächste Rückschau. Emotionen entstehen auch, wenn einem die Bedeutsamkeit der gelungenen Momente (für die Adressat*innen) bewusst wird. Häufig benennen die Adressat*innen viele Probleme und Belastungen in ihrem Leben. Durch VHT haben sie die Möglichkeit, sich selbst positiv zu erleben, zu sehen, dass sie gelungen in Interaktionen treten können und somit Einfluss nehmen können auf ihre jeweiligen Lebenssituationen. Sie lernen sozusagen am eigenen Modell.[17] In mir als VHT Professional löst dies höchste Zufriedenheit aus und ein Gefühl von „Ich kann etwas in meinem Gegenüber bewirken!" Deutlich wird hierbei auch nochmal meine Haltung gegenüber den Adressat*innen. Ich nehme ihre Stärken und Fähigkeiten wahr, ich möchte ihnen diese bewusst machen, ich traue ihnen Veränderung und Lösungsideen zu, ich sehe möglicherweise manchmal etwas in ihnen, was sie selbst noch gar nicht sehen können, ich ermutige und befähige sie Dinge (neu) auszuprobieren. Dies empfinde ich als sehr sinnstiftend. Gleichzeit durfte ich diese Haltung von meinen Ausbilder*innen mir gegenüber erfahren.

---

[17] Vgl. SPIN Deutschland (o.J.)

4 Effekte der VHT-Ausbildung auf der persönlichen Ebene

mehr Selbstvertrauen

verstärkt
wahrnehmbare eigene
positive Haltung /
Einstellung

Selbstwirksamkeit

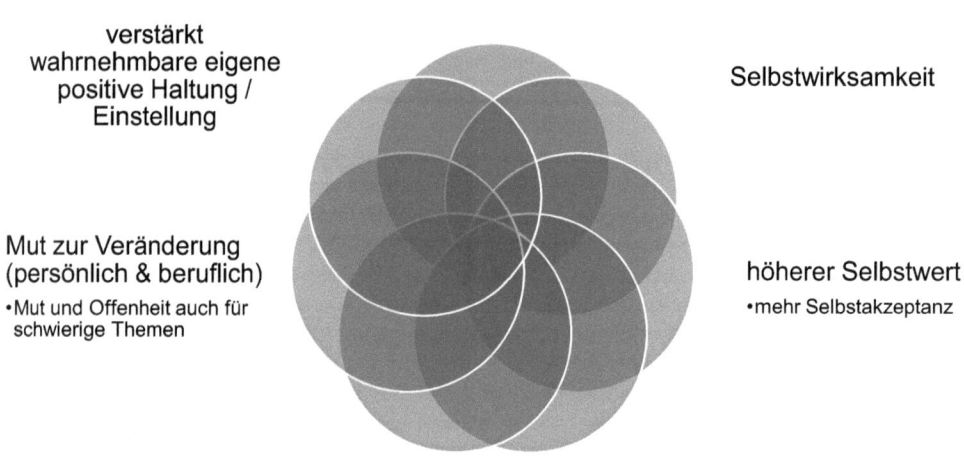

Mut zur Veränderung
(persönlich & beruflich)
•Mut und Offenheit auch für
schwierige Themen

höherer Selbstwert
•mehr Selbstakzeptanz

Glück / Zufriedenheit

Kreativität

Obenstehende Grafik soll alle, für mich, zentralen Effekte der VHT-Coach-Aus-bildung auf der persönlichen Ebene abbilden. Im Folgenden möchte ich zwei von ihnen näher beleuchten. Sie symbolisieren am prägnantesten, wozu mich die Arbeit mit VHT bzw. die Weiterbildung zur VHT-Coach befähigt, wachsen und weiterentwickeln lassen hat.

4.1 Mehr Selbstvertrauen und höherer Selbstwert

Ich fasse diese zwei Effekte an dieser Stelle zusammen, da sie für mich eng miteinander verbunden sind. Wieviel bin ich mir selbst wert? Wie bewerte ich mich selbst und wie sehr vertraue ich auf meine Fähigkeiten und Ressourcen?

Unter dem Begriff Selbstwert verstehe ich die Gesamtheit von Gedanken und Gefühlen über mich als Person, welchen Wert und welche Bewertung ich mir selbst zuspreche. In der Literatur findet man dazu folgende Definition:

> „Einen Teil seiner spezifischen Merkmale und Eigenschaften nimmt das Individuum als bedeutsam wahr. Zum Beispiel stellt es fest, was für Interessen es hat, welche Fähigkeiten es mitbringt oder welche Ziele es verfolgt. Werden diese Wahrnehmungen bewertet, so werden sie emotional spürbar. Wenn ich meine Eigenschaften und Merkmale als wünschenswert oder die von mir verfolgten Ziele als erstrebenswert betrachte, so resultiert daraus eine positive Selbstbewertung. Wenn ich mein Bild von mir ablehne, dann wirkt sich dies negativ auf meine Selbstbewertung aus" (vgl. Stoll, Schreiber, Vannotti, 2012, S. 121).

Hier werden die Begriffe Eigenschaften, Fähigkeiten und persönliche Merkmale besonders hervorgehoben. Sie seien zentral für die Bewertung, die man über sich selbst trifft. Vor Beginn der VHT-Ausbildung konnte ich durchaus bereits einige Fähigkeiten von mir benennen, die mir beruflich als hilfreich erschienen und für die ich auch im Privaten geschätzt wurde. Als Beispiele können hier „die Beziehungsgestaltung" oder das „mit anderen in Kontakt kommen" angeführt werden sowie „ein Gespür und Wertschätzung für mein Gegenüber" und ein „gutes Bauchgefühl für Situationen".

Durch die Arbeit mit Videobildern und die Selbstreflexion in den Ausbildungssupervisionen konnte ich neue Fähigkeiten an mir entdecken und schon bestehende weiter ausbauen. Der Zuspruch, die Bestärkung und positiven Rückmeldungen, sowohl von Adressat*innen als auch den Ausbilder*innen und der Ausbildungsgruppe veränderten in gewissen Bereichen meine Gedanken und Bewertungen über mich selbst und verhalfen mir dadurch zu einem höheren Selbstwert. Daraus resultierte ein größeres Vertrauen in mich und meine Fähigkeiten, was ich sowohl beruflich, als auch im Privatleben spüre. Ich habe durch VHT gelernt, nicht nur meine Bedürfnisse und die der anderen besser zu spüren und wahrzunehmen, sondern auch, diese klarer und mutiger zu benennen. Ebenso meine Gefühle und die der anderen, wie auch Stimmungen im Raum oder innerhalb einer Gruppe. Zusätzlich habe ich das Vertrauen in meine (fachlichen)

Einschätzungen erweitert und kann diese klar als Meinung oder Haltung vertreten. Ich gebe meinem Gegenüber damit Sicherheit, Orientierung und Klarheit. Es lässt sich dementsprechend sagen, mehr Sicherheit und Klarheit in mir führen dann zu eindeutiger Kommunikation im Außen. Die Fähigkeit des eindeutigen Benennens und der daraus resultierenden klaren Kommunikation, werden mir sowohl von Kolleg*innen als auch von Freund*innen und Familienmitgliedern häufig als ein besonderes Merkmal meiner Persönlichkeit rückgemeldet. Ich erfahre also in vielen Lebensbereichen eine Wertschätzung dieser Kompetenz und werde häufig als Ratgeberin genutzt. Auch dies befeuert im positiven Sinne das Vertrauen in mich und meine Fähigkeiten und Kompetenzen. Je mehr Vertrauen ich in mich und meine Kompetenzen habe, desto mutiger werde ich, meine Komfortzone immer wieder auch einmal zu verlassen.

Es lässt sich also sagen, dass die Stärkung meines Selbstwertes durch die Arbeit mit VHT einen positiven Effekt auf mein Selbstvertrauen hatte und ich dadurch persönliche Ressourcen und Kompetenzen noch weiter auszubauen konnte. Es ermutigte mich sogar, in einigen Lebensbereichen meine bisherigen Komfortzonen zu verlassen. Dies werde ich im nachfolgenden Unterkapitel näher beleuchten.

4.2 Mut zur beruflichen und persönlichen Veränderung

Zum Thema Mut findet man online eine Menge Definitionen. Ich habe mich an dieser Stelle für eine Begriffserklärung von Jochen Freede aus einem Artikel im Juraforum entschieden, da sie mir am für mich und für diese Arbeit passendsten erschien:

> „Der Begriff Mut beschreibt heute eine im Allgemeinen positiv bewertete menschliche Tugend, ein wagendes Vertrauen in die eigene Kraft und die Bereitschaft, zu handeln, auch wenn es schwierig oder gefährlich ist oder so erscheint"[18]

Bezogen auf mich selbst bedeutet dies, dass VHT mich, durch das Bewusst- und Sichtbarmachen meiner Ressourcen und der damit einhergehenden Stärkung meines Selbstvertrauens und Selbstbewusstseins, befähigt hat, unter anderem Überlegungen anzustellen, ob und in welche Richtung ich mich beruflich weiterentwickeln möchte. Im Jahr 2022 bot sich dann beispielsweise die Gelegenheit, mich innerhalb meiner damaligen Einrichtung auf eine Fachbereichsleitungsstelle zu bewerben. Einen Wechsel auf diese Stelle hätte hauptsächlich bedeutet, im

---

[18] FREEDE, Jochen (2014): Was bedeutet Mut? Juraforum. URL: https://www.juraforum.de/lexikon/mut (Zugriff: 30.03.2024)

Bereich Mitarbeiterleitung und -führung zu arbeiten und weniger direkt im Kontakt mit Adressat*innen zu stehen. Ich hatte mir bis zum damaligen Zeitpunkt, auch mit Hilfe von VHT, eine innere Sicherheit und Vertrauen in meine Kompetenzen erarbeitet, so dass ich mir durchaus zutraute, diesen neuen Aufgabenbereich annehmen und fachlich kompetent ausfüllen zu können. Natürlich gab es auch Zweifel und Unsicherheiten, allerdings überwogen der Mut, das Vertrauen in mich selbst, der Zuspruch und das Zutrauen von außen und die Lust auf Veränderung. Ich habe diese Stelle letzten Endes nicht bekommen aber dieser Schritt, mich auf so eine Stelle überhaupt zu bewerben, hat mir zwei Dinge verdeutlicht: mutig sein lohnt sich und es ist jetzt der richtige Zeitpunkt für berufliche Veränderung. Anfang des Jahres 2023 wechselte ich dann tatsächlich nach 16 Jahren meinen Arbeitgeber und bin nun beim Jugendamt tätig. Diese Stelle beinhaltet ein deutlich höheres Arbeitsaufkommen, mehr Verantwortung hauptsächlich (auch) im Bereich Kinderschutz, Leiten und Führen von Hilfe- und Beratungsprozessen und Kooperationen mit öffentlichen Trägern. Zudem erfordert sie ein hohes Maß an Selbstorganisation und -strukturierung.

Den Mut und die innere Sicherheit gehabt zu haben, diesen Schritt wagen zu können, schreibe ich hauptsächlich der Arbeit mit VHT bzw. der Ausbildung zum VHT Professional zu. Durch das Bewusstwerden und Erkennen meiner Stärken, entstand die Lust und das Interesse, diese in anderen, neuen Arbeitsbereichen einsetzen zu wollen. Die durch VHT gewonnene innere Sicherheit gab mir den Mut, mich auf Neues, Unbekanntes einzulassen – in dem Wissen, auch mögliche entstehende Unsicherheiten und Überforderungen meistern zu können. Zudem verspürte ich eine Neugierde und ein Interesse am Lernen von Neuem. Fast zeitgleich ergab sich dann auch noch die Möglichkeit, ein Mal pro Woche als Lehrende, zusammen mit einem meiner Ausbilder*innen, für ein Seminar an einer Hochschule tätig zu sein. Dies ermöglicht mir, weiterhin mit der Methode VHT arbeiten zu können und kreativ Ideen und Übungen einzubringen, um Lerninhalte aktiv und anregend zu vermitteln.

Innerhalb eines Jahres hat sich mein Berufsleben komplett verändert. Ich bin sehr gewachsen an meinen neuen beruflichen Rollen und es bereitet mir große Freude, sowohl Lehrende der Methode VHT zu sein, als auch nach wie vor an der Basis mit den Adressat*innen ganz praktisch ressourcen- und lösungsorientiert zu arbeiten (wenn dort auch nur noch selten mit der Methode VHT).

Nun möchte ich noch einen kleinen Einblick in den Bereich persönliche Veränderungen und Entwicklungen geben. Seit einigen Monaten kann ich an mir selbst beobachten, dass es auch hier eine Offenheit und Interesse für Neues gibt. Dies betrifft hauptsächlich die Bereiche Selbstfürsorge, Freizeitaktivitäten und Digitalisierung.

Ich würde es für mich so beschreiben, dass ich mich mit Altbekanntem immer wohl und sicher gefühlt habe und Neues unterbewusst häufig Ängste und Unsicherheiten ausgelöst hat. Was wiederum dazu geführt hat, dass ich mich vorzugsweise in bekanntem, sicherem Terrain aufgehalten habe und dadurch in Kauf genommen habe, gewisse Dinge nicht kennenzulernen, auszuprobieren, zu erfahren zu dürfen. Was ich für mich allerdings nie als etwas Negatives erlebt und bewertet habe. Manchmal hat es auch einigen Zuspruch und Zutrauen von außen benötigt, damit ich genug innere Sicherheit hatte, mich doch auszuprobieren. Wahrzunehmen, dass ich sehr positive Erfahrungen auf vielen Ebenen in meinen neuen beruflichen Rollen gemacht habe und Hürden dort erfolgreich meistern konnte, hat mich innerlich gestärkt, selbstsicherer und mutiger gemacht, auch im Hinblick auf ein mögliches Scheitern. Gerade dies erlebe ich nicht mehr als so stark beängstigend, sondern eher als eine Möglichkeit, daran zu wachsen bzw. dann mit Hilfe von Anderen neue Lösungswege und -ideen zu entwickeln und kennenzulernen. Auch die öfter benötigte Sicherheit im Außen hat deutlich abgenommen. Ich bekomme sie zwar immer noch, aber in vielen Fällen fordere ich sie nicht mehr bewusst ein, da ich bereits eine Sicherheit in mir selbst spüre.

Mich im beruflichen Kontext auszuprobieren und festzustellen, dass Neues auch Freude bereiten kann und den eigenen Horizont erweitert, erlaubt es mir nun mich mutig auch an kniffligere persönliche Themen zu wagen. Als Beispiel kann ich hier das Thema Feinfühligkeit benennen. Konkreter noch, feinfühlig mit mir selbst sein. Unter Feinfühligkeit versteht man ganz allgemein das Wahrnehmen von Signalen (verbal, emotional, Mimik, Gestik) beim Gegenüber, die korrekte Interpretation der Signale und die prompte und angemessene Reaktion darauf.[19] Für Säuglinge ist ein*e feinfühlige*r Erwachsene*r enorm wichtig für den Aufbau einer sicheren Bindung bzw. eines sicheren Bindungsstils. Feinfühligkeit ist aber auch später unter Erwachsenen durchaus bedeutsam, vor allem hinsichtlich gelingender Kommunikation und Interaktion (Stichwort Basiskommunikationsprinzipien).

Beziehe ich dies nun auf mich und meine Selbstfürsorge, ist es ebenso bedeutsam, zu lernen, die eigenen Signale in Form von Bedürfnissen wahrzunehmen, zu deuten, zu benennen und daraufhin abzuwägen, welche Handlungen nun angemessen und angebracht sind. Dies ist aktuell mein Lernfeld und auch hier kann ich einen Bezug zu VHT herstellen. Anhand der Basiskommunikationsprinzipien wurde mir während der VHT-Ausbildung verdeutlicht, dass das Benennen von Dingen, die einen selbst bewegen und das Benennen eigener Emotionen eine große Bedeutung auf der Beziehungsebene darstellen. Zum einen bleiben meine Bedürfnisse nicht unbefriedigt und ungesehen, zum anderen hat mein*e

---

[19] Vgl. SPANGLER, Gottfried; REINER, Iris 2017. Bindungsentwicklung im Kindesalter, In: Bernhard STRAUß und Henning SCHAUENBURG, Hrsg. Bindung in Psychologie und Medizin. Grundlagen, Klinik und Forschung – ein Handbuch. 1. Auflage, Stuttgart: Kohlhammer, S.33.

Interaktionspartner*in durch das Benennen die Möglichkeit, eine Idee davon zu bekommen, was mich bewegt und was ich aufgrund dessen im Moment benötige. Ich fühle mich dadurch gesehen und wahrgenommen. Wie auch in der Arbeit mit den Adressat*innen ist es bei diesem Thema für mich wichtig, den Fokus darauf zu legen, mich mutig auszuprobieren und an einem möglichen Scheitern das Positive zu sehen.

Dieses Kapitel meiner Abschlussarbeit zeigt deutlich, welche und vor allem wie viele positive Effekte die Methode VHT haben kann. Dies ermutigt zur weiteren Arbeit und zur Lehre dieser ressourcen- und lösungsorientierten Arbeitsmethode.

5 Zusammenfassung

„Die videobasierte Beratungsmethode VHT stärkt die Erziehungs-, Kommunikations- und Interaktionskompetenz" (SPIN Deutschland o.J.), so ist es auf der Homepage von SPIN Deutschland zu lesen. Sie basiert auf den Grundpfeilern „Wirkung positiver Bilder", „Regeln gelungener Kommunikation" und „ressourcenorientierte und aktivierende Haltung".[20]

Wie man an meinem Beispiel erkennen kann, wirkt die Methode nicht nur auf die Adressat*innen, sondern auch auf die VHT-Professionals (in Ausbildung). Ich habe während meiner Weiterbildung zum VHT-Coach Kompetenzen im Bereich Kommunikation und Interaktion erworben. Besonders hervorheben möchte ich dazu an dieser Stelle noch einmal meine ausgebaute Fähigkeit des klaren Benennens von Wahrnehmungen (im Raum oder an Einzelpersonen) und Gefühlen, welche meinem Gegenüber zur Orientierung und Sortierung helfen und ihm Sicherheit geben.

Weiter konnte ich Videoaufnahmen, auf denen ich selbst zu sehen war, zur Reflexion meiner Rolle als VHT-Professional und Sozialarbeiterin nutzen. Hilfreich war hierbei die Anleitung durch die Ausbilder*innen, deren ressourcenorientierter Blick und ihre wertschätzende und aktivierende Haltung. Dies gab mir die Möglichkeit, mich auf eine Schatzsuche bei und mit mir selbst zu begeben. Dabei wurden Kreativität, Ziele, Ideen und Mut zur beruflichen und persönlichen Weiterentwicklung, mehr Selbstvertrauen, höherer Selbstwert und innere Zufriedenheit freigesetzt.

Der Mut hat sich gelohnt.

---

[20] Vgl. SPIN Deutschland (o.J.)

6 Literaturverzeichnis

FREEDE, Jochen (2014): Was bedeutet Mut? Juraforum. URL: https://www.juraforum.de/lexikon/mut (Zugriff: 30.03.2024)

SCHULZ, Christoph (2023): Mut Zitate – 98 inspirierende Sprüche über Helden, Furchtlosigkeit und Tapferkeit. CareElite be natural change. URL: https://www.careelite.de/mut-zitate-tapferkeit-sprueche/ (Zugriff 03.04.2024)

SPANGLER, Gottfried; REINER, Iris 2017. Bindungsentwicklung im Kindesalter, S.33. In: Bernhard STRAUß und Henning SCHAUENBURG, Hrsg. Bindung in Psychologie und Medizin. Grundlagen, Klinik und Fo-schung – ein Handbuch. 1. Auflage, Stuttgart: Kohlhammer.

SPIN-DGVB Deutsche Gesellschaft für Videobasierte Beratung e.V. (o.D.): IHRE WEITERBILDUNGSMODULE ZUM VHT PROFESSIONAL. SPIN Deutschland. URL: https://www.spindeutschland.de/ausbildung/ (Zugriff: 27.03.2024)

SPIN-DGVB Deutsche Gesellschaft für Videobasierte Beratung e.V. (2017): Weiterbildungsrichtlinien. SPIN Deutschland. URL: https://www.spindeutschland.de/wp-content/uploads/2021/11/VHT-Weiterbildung-Richtlinien-alle-WB.-17.11.-21.pdf (Zugriff 27.03.2024)

SPIN-DGVB Deutsche Gesellschaft für Videobasierte Beratung e.V. (o.D.): VHT: VISUELL – ERFOLGREICH – EFAHREN! SPIN Deutschland. URL: https://www.spindeutschland.de/was-ist-vht/ (Zugriff: 26.03.2024)

SPIN-DGVB Deutsche Gesellschaft für Videobasierte Beratung e.V. (o.D.): Willkommen bei SPIN-DGVB. SPIN Deutschland. URL: https://www.spindeutschland.de/ (Zugriff: 26.03.2024)

STOLL, Francois; SCHREIBER, Marc; VANNOTTI, Marco (2012): Positive Identität und Selbstwirksamkeitserwartung. In: Steinbach, Jungo, Zihlmann (Hrsg.): Positive Psychologie in der Praxis. Anwendung in Psychotherapie, Beratung und Coaching. (1. Auflage) (S. 120-128). Weinheim, Basel: Beltz Verlag.